Collection **Parcours d'une œuvre**
Sous la direction de Michel Laurin

MICHEL LAURIN

Étude de

UN SIMPLE SOLDAT

de Marcel Dubé

Groupe **Beauchemin**, éditeur ltée

Étude de
Un simple soldat
de Marcel Dubé

par Michel Laurin

© 1997 **GB** Groupe **Beauchemin**, éditeur ltée
3281, avenue Jean-Béraud
Laval (Québec) H7T 2L2
Téléphone : (514) 334-5912
1 800 361-4504
Télécopieur : (514) 688-6269
http://www.beauchemin.qc.ca

ISBN : 2-7616-0902-6

Dépôt légal : 1er trimestre 1998   Imprimé au Canada
Bibliothèque nationale du Québec   1 2 3 4 5 02 01 00 99 98
Bibliothèque nationale du Canada

Supervision éditoriale : **Pierre Desautels**
Production : **Carole Ouimet**
Révision linguistique : **Louise Malette**
Correction d'épreuves : **Sophie Cazanave**
Conception graphique et mise en page : **Hiérographe publicité**
Maquette de la couverture : **Hiérographe publicité**

TABLE DES MATIÈRES

I PRÉSENTATION DE LA PIÈCE *UN SIMPLE SOLDAT*

II PLONGÉE DANS L'ŒUVRE

III PRÉPARATION À L'ÉPREUVE FINALE DE FRANÇAIS

TABLEAU CHRONOLOGIQUE

À mon fils et à ma fille,
à mes élèves,
pour qu'ils aillent plus loin
que les pères.

LE CONTEXTE SOCIOHISTORIQUE

> *Il y avait autour de moi un pays invraisemblable et mythique que personne ne savait voir. Et dans ce pays se trouvaient des hommes et des femmes dont l'existence discutable n'était plus que marginale. Un pays pourtant régi par des lois, encadré de sociétés rigides et artificielles, mal définies, où les jours passaient infailliblement, chargés de silences et pourris de misères. Parfois, mais bien rarement, des sourires jaillissaient comme des perce-neige, aux heures privilégiées.*

Marcel Dubé (1)

La « grande noirceur »

La société canadienne-française s'est longtemps complu dans la survalorisation du passé, ce que les historiens nomment la « grande noirceur ». Cette période commence en 1840 et ne prendra réellement fin qu'au moment de la Révolution tranquille. Pourquoi 1840 ? Les francophones d'Amérique prennent alors conscience, à la suite de la douloureuse défaite des Patriotes en 1838 – et donc bien longtemps après le traumatisme historique de 1760 –, de l'aspect aléatoire de leur survie collective. Décapités de leur élite dirigeante laïque (2) et poussés à se replier sur eux-mêmes, nos ancêtres, qui n'avaient développé que fort peu d'appétit pour le pouvoir, acceptent de s'en remettre à leur clergé, lui qui avait si bien su composer avec le vainqueur de 1760.

La réalité circonscrite dans l'idéalisme

Essentiellement préoccupée de survivance et de traditions, la nouvelle élite cléricale voit dans l'agriculture le seul gage de notre stabilité et de notre prospérité collective. Le passé est survalorisé (Lionel Groulx écrit *Notre maître le passé*) pendant que la terre et la vie rurale sont idéalisées. On se garde bien de s'interroger sur les raisons de l'émigration massive des Canadiens français aux États-Unis depuis 1850 et sur celles qui contraignent les agriculteurs à vendre leur terre pour venir grossir le contingent des chômeurs dans les villes. C'est qu'à l'époque l'observation et la description des réalités sociales ne sont vraiment pas de mise : la mission du peuple élu de Dieu (ne sommes-nous pas les seuls francophones catholiques en Amérique du Nord ?) ne peut être que religieuse et civilisatrice. Un si noble destin ne peut avoir partie liée avec la ville et ses vulgaires contingences matérielles.

La réalité est ici circonscrite dans l'idéalisme, voire dans l'angélisme. En nous tenant à l'écart des biens matériels, cette perspective messianique nous a privés du progrès économique.

Religion et rigorisme moral

Pour ce qui est des mentalités, la collectivité canadienne-française est grandement influencée par la religion catholique et son rigorisme moral. Jusqu'aux années 1950, la vie est ici marquée par une pratique religieuse intense et le paysage, par une abondance d'églises. Le panorama montréalais en particulier, « la ville aux cent clochers », ne cesse de s'enrichir de nouvelles « pointes » d'églises. De quoi se moqua gentiment l'écrivain américain Mark Twain au cours d'un séjour à Montréal à la fin du siècle dernier : « À Montréal, on ne peut lancer de cailloux de peur de briser un vitrail d'église. » Mais bien davantage que sur le plan de la spiritualité, c'est sur les mœurs et les croyances que l'influence des autorités religieuses se fait sentir et atteint la conscience même des gens. On arrive en effet à imposer un univers dualiste et manichéen, où à la corruption par le Mal correspond la sanctification par le Bien. Cette obsédante distinction entre le bien et le mal appelle, par peur du jugement des autres, un véritable culte du paraître comme mode de vie (le *Refus global* parle de « morale simiesque »). Qui ne se conforme pas à cette vision manichéenne et à ses pudibonderies cléricales se voit aux prises avec un puissant appareil répressif, venant tant du pouvoir politique que de l'Église catholique. Dans un tel contexte, la sexualité est évidemment perçue comme la force subversive par excellence. Aussi encourage-t-on les mariages dès le plus jeune âge... C'est l'enfermement individuel dans un conformisme social où tout est réparti en bien et en mal, en pur et en impur, en joies de la campagne et en horreurs de la ville...

Début du XXᵉ siècle : entre tradition et modernité

Industrialisation et urbanisation

Le début du XXᵉ siècle, même si le clergé joue toujours un rôle aussi important, est marqué par de nombreux changements qui bouleversent le mode de vie des gens. Le Québec attire des capitalistes étrangers pour ses ressources forestières et énergétiques pratiquement illimitées et sa main-d'œuvre abondante et à bon marché (parce que non qualifiée et sous-instruite). L'exploitation minière, la création de filatures, la fabrication du bois de pâte à papier de même que la canalisation des ressources hydroélectriques sont à l'origine du développement de nouveaux centres urbains. Malgré tout, notre vie économique n'a rien de reluisant.

Nos propres ressources profitent essentiellement aux investisseurs étrangers ; on exporte les matières premières pour importer ensuite les produits manufacturés pendant que les ouvriers canadiens-français, sous-payés, que Pierre Vallières appellera plus tard les « nègres blancs » d'Amérique, gagnent tout juste assez d'argent pour survivre et composer tant bien que mal avec le nouveau mode de vie proposé par la société industrielle et urbanisée. Économie aliénée donc, qui a fait dire à certains historiens que l'industrialisation avait été, pour le Québec, une seconde invasion après celle, militaire, de 1760.

Une collectivité dominée jusque dans sa langue

Œuvre de facteurs étrangers qui ne correspondent pas à une évolution interne de la société canadienne-française, l'industrialisation aura également marqué l'anglicisation de sa langue, en tout premier lieu dans son vocabulaire technique. Ce phénomène avait déjà commencé au début du XIXe siècle, quand l'Angleterre avait décidé de venir ouvrir des chantiers forestiers pour la construction de ses navires. Au XIXe et dans la première moitié du XXe siècle, le processus d'anglicisation suit toujours le même modèle : lors de l'implantation d'une nouvelle industrie, une équipe de direction unilingue anglaise, secondée par des contremaîtres également unilingues (notre politique essentiellement agricole avait entraîné une pénurie d'entrepreneurs canadiens-français), fait appel à la main-d'œuvre locale également unilingue... française. Par ailleurs, langue des patrons, du travail et de la réussite, l'anglais se pare bientôt d'un halo de prestige et s'immisce chaque jour davantage dans la langue du subalterne, qui n'est pas sans souffrir d'un important complexe d'infériorité. Ajoutons à ce tableau déjà chargé la présence, dans la plupart des foyers, d'un livre qui vient, deux fois l'an, aviver les fantasmes de richesse de ceux qui se sentent honteusement démunis : le catalogue exclusivement en anglais du prestigieux magasin Eaton. Aliénés dans leur langue, les francophones du Québec en viennent bientôt à oublier, au profit du terme anglais, jusqu'au nom français des vêtements qui composent leur maigre garde-robe. Non seulement le terrien est-il transplanté dans l'univers étranger du patronat capitaliste, mais il se voit contraint de composer avec un milieu de travail dominé par une langue qui le refoule dans l'isolement culturel.

Les dangers de l'instruction

Jusqu'à la création du ministère de l'Éducation après 1960, la fréquentation scolaire au Québec a souffert d'un effroyable retard. Il faut comprendre que pour l'Église, gardienne de la foi et de la langue française, l'instruction n'est pas une fin mais un moyen de former de bons chrétiens. Celui qui s'instruit pourrait se sentir attiré par la ville et, péché encore plus grave, se permettre de réfléchir et de remettre en question les enseignements de l'élite cléricale. Des chiffres pour illustrer les conséquences de ce mode de pensée : au Québec, en 1911, sur une population francophone de 1 293 000 personnes, 772 fréquentent l'université, dont 27 sont incrites en sciences ; le même recensement nous apprend que, sur les 196 000 anglophones qui habitent le Québec d'alors, 1358 font des études universitaires, dont 250 en sciences. Par ailleurs, malgré la loi sur la fréquentation scolaire obligatoire votée en 1943, qui stipule que tous les enfants doivent aller à l'école jusqu'à l'âge de 14 ans (en Europe et aux États-Unis, les premières lois sur l'instruction obligatoire sont en place depuis la seconde moitié du XIXe siècle), on ne s'étonnera pas de constater qu'en 1960 la cinquième année du primaire est encore la moyenne de la scolarité des adultes québécois. Voilà une donnée qui explique l'infériorité économique des Canadiens français.

La crise économique de 1929

Imaginons maintenant l'ampleur des conséquences d'une crise économique sur une collectivité qui, en temps normal, a tout juste ce qu'il faut pour survivre. Car, en 1929, à la suite du krach de la Bourse de New York, les États-Unis d'abord, puis toutes les sociétés industrielles occidentales, sont plongés dans une dépression économique sans précédent. Le chômage devenu endémique entraîne la création du « secours direct », forme première du « bien-être social ». À Montréal, au milieu des années 1930, 34 % de la main-d'œuvre aurait vécu de l'assistance publique, ce qui était perçu alors comme la pire des humiliations pour une famille. C'est aussi le prétexte pour des milliers de travailleurs de la campagne en quête d'emploi de venir s'installer à Montréal. Comme solution à cette misère côtoyée journellement, les autorités gouvernementales, avec l'appui du clergé, prêchent le retour à la terre. Le vieux rêve agriculturiste reprend vie, mais, il faut en convenir, avec peu de succès. Retenons que la crise économique vient insidieusement montrer, parce qu'on en est dramatiquement démuni, la grande nécessité de l'argent, qui deviendra, quelques décennies plus tard, le dieu d'une nouvelle civilisation.

L'entre-deux-guerres et l'arrivée de nouveaux éléments culturels

Il faudra attendre le déclenchement de la Seconde Guerre mondiale et l'entrée du Canada dans la mêlée pour que l'économie canadienne retrouve le rythme de production perdu 10 ans plus tôt. Entre-temps, des indices permettent de percevoir une modification dans les mentalités. Le Québec est définitivement passé de l'ordre rural à un ordre industrialisé et urbain : rurale à 60,3 % en 1901, la population du Québec ne l'est déjà plus qu'à 36 % en 1921. Ce qui favorise l'apparition de nouveaux éléments culturels qui permettent la montée constante du niveau intellectuel des Canadiens français : même lente, l'augmentation de la fréquentation scolaire amène une plus grande alphabétisation de la population ; les élèves de talent reçoivent des bourses afin de poursuivre leurs études dans les universités d'Europe ; les livres français, tant littéraires que scientifiques, sont de plus en plus accessibles sur le territoire québécois ; grâce surtout à Jacques Rousseau et à Marie-Victorin, les universités se développent et s'engagent enfin dans la recherche scientifique. Sans oublier les débuts de la radio (CKAC en 1922 et Radio-Canada en 1936) et la popularité toujours grandissante du cinéma parlant, notamment du cinéma américain. Autant d'instruments qui contribuent à élargir nos horizons individuels et collectifs, tout en ouvrant grandes les portes à l'influence d'une culture qui se présente comme le modèle à suivre en Occident, celle de la vie américaine. Si de grandes libérations restent encore à venir, les conditions préalables sont enfin posées. Comme si les Canadiens français commençaient à moins se préoccuper de leur passé et à prendre possession de leur présent.

Guerre bénéfique et conscription

En 1939 est déclenchée une guerre qui causera des dizaines de millions de morts sur un autre continent : la Seconde Guerre mondiale, de 1939 à 1945. Mais ce qui sème la désolation ailleurs devient ici le germe d'un essor économique sans précédent, qui met définitivement fin à la crise économique. Nombre de Québécois s'enrôlent dans l'unique but de mettre fin à la pauvreté chronique de leur famille : de jeunes chômeurs croient ainsi en finir avec leur désœuvrement et des pères de famille trouvent enfin une occupation conforme à leur rôle. Étrange attitude que celle de ces hommes qui, au moment du plébiscite sur la conscription par lequel le gouvernement fédéral demandait la permission de procéder à un enrôlement obligatoire de tous les jeunes hommes célibataires, s'y étaient opposés à 71,2 % au Québec, alors qu'ailleurs au Canada seulement 36 % avaient voté contre. Comment, après avoir refusé d'aller défendre l'Angleterre, notre ennemi historique, ces hommes ont-ils ensuite pu accepter en grand nombre de se comporter comme des mercenaires ? Leur grande misère, et celle des leurs, doit être considérée comme la réponse la plus plausible. Précisons que tous n'ont pas accepté de bonne grâce de se faire soldats : le nombre des déserteurs a été très élevé et une véritable course au mariage gagna les jeunes gens désireux d'échapper à la conscription. En témoignent les 105 couples qui se marièrent collectivement au stade De Lorimier le 23 juillet 1939, avant la date d'entrée en vigueur de la conscription. Pour d'autres, cette guerre fut aussi une occasion d'enrichissement avec des moyens pas toujours des plus honnêtes ; ces gens formeront bientôt ce qu'on peut appeler une nouvelle bourgeoisie. De même la guerre permit à de nombreuses femmes de travailler, pour la première fois, à l'extérieur du foyer.

L'émancipation des femmes de maison

Pour des raisons d'ordre moral, le clergé et la bourgeoisie entendent toujours garder les femmes au foyer. *Il n'est rien de plus beau ni de plus difficile que de devenir une femme de maison dépareillée*, écrit l'influent abbé Albert Tessier en 1942 (3) pendant que le député René Chaloult dénonce, dans un discours au Parlement en 1945, *le danger de l'affaiblissement de notre race par suite du travail féminin dans les usines de guerre* (4). Malgré cela, pas moins de 60 000 jeunes filles sont employées dans les usines de guerre et soutiennent ainsi la grande poussée industrielle de la guerre. Après le conflit et l'essor économique qu'il permit, quantité de jeunes filles ne pourront faire autrement que de travailler à l'extérieur du foyer. Progression qui ira en augmentant puisque, de 1941 à 1971, la représentation féminine dans la main-d'œuvre québécoise passe de 17 % à 48 %. On peut imaginer l'ampleur du changement qui dut se faire dans les mentalités quand on sait que les suffragettes québécoises durent se battre jusqu'en 1940 pour obtenir le droit de vote. Rappelons enfin que, jusqu'aux années 1960, les femmes mariées vivaient toujours sous l'empire du vétuste Code civil québécois, qui leur interdisait, entre autres, de signer un contrat, voire d'ouvrir un compte à la banque, ou de tenir commerce sans l'autorisation écrite du mari.

Duplessis et le duplessisme

Le politicien qui laissa la plus grande empreinte sur la société canadienne-française fut, à n'en pas douter, Maurice Duplessis (premier ministre du Québec de 1936 à 1939, puis de 1944 jusqu'à son décès, en 1959). Ce « chef » incontesté de sa province, qui distribue les contrats d'État comme des cadeaux personnels, prend bientôt figure de héros. Son discours à condiments moraux et religieux, son appel à la terre et à la fécondité des « mères canadiennes », sans oublier ses généreux subsides aux institutions défendues par la hiérarchie catholique, lui concilient la grande sympathie de l'Église. En même temps, sa défense du capitalisme américain et l'engagement qu'il prend de mettre au service des investisseurs le monde ouvrier canadien-français lui permettent d'obtenir l'appui des capitalistes américains. D'ailleurs, sa caisse électorale s'en est toujours bien portée. Son nationalisme étroit et passéiste (mais qui porte les germes d'un nationalisme plus ouvert qui pourra éclore après 1960) valorise une population démissionnaire et infériorisée. Il ne manque pas une occasion de rappeler la mission salvatrice de la « race » canadienne-française : *Nous sommes des Français améliorés*, répète-t-il. Il se fait en même temps le champion des droits provinciaux, de « l'autonomie provinciale », contre les empiètements du gouvernement fédéral, qu'il dénonce comme le repère de l'athéisme et du communisme. Malgré sa dimension démagogique, ce discours fait en sorte que l'intérêt politique des Canadiens français passe dorénavant d'Ottawa à Québec. Comme si la collectivité francophone avait décidé de chercher à se définir et à définir son destin à partir d'elle-même et non plus à partir du gouvernement fédéral.

Asbestos et la cassure sociale

Après une si longue période de soumission, de résignation et d'aliénation, après s'être conditionnée à la docilité et à l'effacement au point d'avoir perdu le réflexe de se battre, après avoir appris à devenir muette à force de s'en remettre à ses élites, comment une collectivité pouvait-elle ne pas conférer une dimension de héros à ce chef issu de ses rangs, autant craint que respecté ? Son discours empreint d'ethnocentrisme ne peut être que positif aux yeux d'un peuple floué où les valeurs collectives, celles de la survie, sont toujours les seules valables. Pourtant, ce sommet du matraquage idéologique est aussi son épilogue. Ce premier ministre, qui se présente auprès des ouvriers comme un rempart contre le monde de la haute finance capitaliste, laisse bientôt voir ses véritables couleurs. Au moment où le monde ouvrier commence à s'organiser efficacement en syndicats, sa politique antiouvrière est mise au jour lorsqu'il soutient la Johns-Manville Company contre les mineurs d'Asbestos en 1949. Son attitude antisyndicale et répressive, par l'envoi de la Police provinciale pour mater les grévistes, permettra bientôt au syndicalisme de découvrir toutes ses possibilités (qui seront actualisées dans les années 1970). Même l'archevêque de Montréal, Mgr Joseph Charbonneau, dénonce en chaire « la conspiration pour écraser la classe ouvrière ». Ce dernier paiera de son poste son attitude anti-duplessiste et sera contraint à l'exil dans l'Ouest canadien. Néanmoins, une brèche de taille vient de lézarder les forces conservatrices séculaires. Comme si une collectivité se dépouillait de sa peur viscérale du changement. En cette époque où la contestation s'articule, la brisure dans le fil idéologique n'a d'égale que la déchirure dans le tissu des valeurs. Où la vieille morale se voit ébranlée en même temps que toutes les traditions qui la portent.

L'éveil du Québec moderne : 1945-1960

Même si le gouvernement prône toujours les valeurs du passé, celles associées à la religion, à l'agriculture et à la famille, une véritable mutation est en train de se produire : les Québécois prennent conscience des absences à eux-mêmes, qui les ont exilés du monde de leur propre économie. La ville qu'ils habitent n'est même pas la leur. Une société qui avait vécu répliée sur elle-même depuis 1760 décide de sortir du formol de sa torpeur et de modifier sa vision du monde. C'est l'effondrement de valeurs tenues pourtant pour inébranlables. À la suite des transformations démographiques, économiques et sociales du Québec, la nouvelle société en voie de laïcisation accepte de se départir de sa rassurante lunette d'idéalisation pour habiter sa peu glorieuse réalité. La réalité, c'est que nous avons accumulé les retards à l'égard des États limitrophes, aussi bien l'Ontario que nos voisins américains ; la réalité, c'est que notre scolarisation limitée nous maintient absents du monde de l'industrie et de l'économie, et que nous sommes démunis financièrement ; la réalité, c'est que nous n'avons pas à assurer la permanence des valeurs spirituelles en terre d'Amérique ; la réalité, c'est que nous sommes aliénés par une religion mal comprise et une morale strictement conformiste dont le but essentiel consiste à préserver une apparence d'unité dans des familles où règne la désolation. Deux facteurs exceptionnels viennent accentuer de manière exemplaire cette remise en question fondamentale de la vieille mentalité canadienne-française : le lancement du *Refus global* en 1948, où un peuple qui s'était cru muet découvre qu'il peut s'exercer à la parole, et les débuts de la télévision de Radio-Canada, en 1952, qui, tout en ouvrant de nouvelles avenues aux créateurs, contribue à l'ouverture des mentalités et propose de nouveaux mythes à un peuple comme ceux de Séraphin, du Survenant, de la mère Plouffe et du « simple soldat ». Époque capitale de notre histoire où apparaissent tous les possibles de notre devenir, où nous apprenons enfin à poser des questions à propos de notre véritable identité même si les réponses demeureront hors de portée avant 1960. Condition indispensable pour que plus tard, à l'heure de la Révolution tranquille, le Québec s'ouvre à lui-même et au monde, après s'être réconcilié avec son histoire et avoir accepté de considérer sans honte ni culpabilité la blessure traumatisante de son enfance.

Les écrivains : le phare de la société

Les écrivains, levain d'une collectivité, participent évidemment à cet éveil collectif. Certes, avant 1945, plusieurs s'étaient résignés à composer avec le monolithisme idéologique, se faisant un devoir de conjuguer sur tous les modes et tous les temps ce mot de Louis Hémon tiré de son contexte : *Au pays du Québec, rien n'a changé. Rien ne changera, parce que nous sommes un témoignage.* Mais ces écrivains pouvaient-ils penser autrement ? C'était l'époque où les écrivains, à l'instar des autres citoyens, exprimaient bien davantage leurs croyances que leurs sentiments. L'auteur se tenait alors à distance de son être profond : dans ses écrits, le fond lui importait bien davantage que la forme. C'était encore l'époque de la « bonne littérature » : il lui était demandé de rédiger des œuvres édifiantes aptes à imposer des convenances sociales et religieuses, sans oublier les préceptes moraux.

Les premiers à mettre fin à cette hégémonie paysanne et moralisatrice sont précisément ceux qui signent le début de notre littérature moderne. Parce que leur souci pour la forme vient équilibrer le fond, jusqu'alors prépondérant. Il s'agit des poètes, Émile Nelligan en tête, qui furent les premiers à tenter de définir l'homme et la femme d'ici dans leur quotidien et leur tragédie. À se décrire écrasés par des préceptes moraux au point de n'avoir plus accès à leur véritable identité. À l'idéalisation des œuvres édifiantes, ils opposent l'amer constat de la réalité, regorgeant de toutes ses carences. Plusieurs de ces transgresseurs en mal d'authenticité et d'espoir ne pourront se relever de leur constat : leur prise de conscience sacrilège les aura conduits à l'exil, extérieur ou intérieur, quand ce n'est pas à la mort.

Puis, les romans cessent, à leur tour, de se faire de simples témoignages sociologiques. Observant les paysans qui, devant l'impossibilité de vivre de la terre, décident d'investir la ville, les romanciers peignent la mutation dans leur travail, dans leur milieu de vie et dans les valeurs de ces exilés à l'intérieur de leur propre pays. Pour dire surtout les travers d'une société rigide et pour intenter son procès. Roger Lemelin et Gabrielle Roy s'attardent, les premiers, à décrire la difficile intégration du prolétaire dans la ville, perdu entre ses anciennes coutumes et un monde complètement étranger. À leur suite, plusieurs romanciers effectuent une plongée dans l'âme torturée de leurs personnages en mettant au jour l'étouffement de chacun par les vétustes institutions, au premier rang desquelles se trouve la famille. Les romanciers se mettent à scruter « au-delà des visages » le mal de vivre de leurs personnages, eux-mêmes de plus en plus conscients de leur aliénation. Après avoir proposé une vision idyllique de la réalité, où la collectivité gommait l'individu, les romans se font maintenant le miroir d'une autre réalité : celle de l'individu, membre d'une classe ethnique défavorisée et dépossédée, dominé par un monde en crise, où sévissent le chômage, la pauvreté et, souvent, l'alcoolisme. Ici, les vieilles valeurs ne tiennent plus que par la force de l'habitude. Jusqu'au langage de l'écrivain qui se modèle sur la réalité sociale : la pauvreté langagière vient rappeler la situation économique des Canadiens français.

Le théâtre connaît un éveil parallèle au roman. Gratien Gélinas signe la naissance de la véritable dramaturgie québécoise avec *Tit-Coq*, dont le personnage éponyme – un orphelin qui se cherche une famille – se fait le reflet de la société québécoise. À la suite, les dramaturges québécois voudront, pendant de nombreuses décennies, refléter les changements dans leur société, le destin individuel de leurs personnages de fiction faisant écho à une aventure collective, les refléter tout en en appelant de nouveaux. Marcel Dubé apparaîtra comme le premier de ceux-ci, qui ne manque jamais de rappeler la nécessaire révolte contre les forces de la stagnation. Ses plongées au cœur de la famille québécoise en dénoncent les peurs, les mensonges et les résignations héréditaires, comme en témoigne sa pièce *Un simple soldat*.

Un simple soldat : authentique chronique de l'après-guerre

Cette pièce de Marcel Dubé, créée en 1957, arrive justement à rendre compte, de manière exemplaire, de toute une époque : s'y trouve brossée la chronique aussi fidèle que révélatrice des années d'après-guerre.

Dans *Un simple soldat*, les rappels historiques abondent depuis la crise de 1929 jusqu'à la guerre de Corée en 1952. Parmi d'autres faits, citons le plébiscite sur la conscription et l'attitude des Québécois à son égard, la Seconde Guerre mondiale qui profite à quelques-uns qui **« partent en affaires »**, le marché noir dont elle est l'occasion et les emplois qu'elle procure aux femmes qui peuvent travailler hors de la maison, sans oublier le retour peu glorieux des soldats démobilisés, l'explosion de la première bombe atomique de même que la grève des mineurs de l'amiante à Asbestos. Autant d'éléments réels qui ont nourri l'imaginaire de Marcel Dubé.

La cellule familiale des années 1950, à mi-chemin entre la vie idyllique de la famille Chapdelaine de Louis Hémon et la famille éclatée des pièces de Michel Tremblay, occupe une place de choix. Elle apparaît dominée par la mère, alors que le père est le plus souvent absent, tantôt réfugié à la taverne, tantôt muré dans le silence. Les membres mal assortis de la famille Latour sont empêtrés dans l'arbitraire des conventions sociales et du paraître, en même temps qu'obsédés par l'argent, qui manque cruellement. La crainte du péché et de la sexualité amène la mère à vouloir marier sa fille avant qu'elle fasse des « **folies** ». On y apprend aussi qu'un veuf ou une veuve avec des enfants doivent se remarier au plus tôt (une époque où les gens n'ont pas encore trouvé leur individualité) ; et, si le couple va mal, on s'illusionne en pensant qu'un nouvel enfant pourra venir cimenter l'union. Par ailleurs, les parents croient disposer de tous les pouvoirs sur leurs enfants ; ces derniers, peu instruits – l'instruction ne semble pas importante, se trouvant encore hors de portée –, travaillent et paient pension à leurs parents.

Quant à la vie misérable des quartiers pauvres de Montréal, elle semble faire écho à une déchéance sociale, sinon historique. Le lecteur ou le spectateur de la pièce y côtoient des bandes de quartiers, des membres de la petite pègre et du milieu de la prostitution. Pour sa part, la langue anglaise y jouit d'un prestige certain. Et la religion, même si elle est omniprésente dans la ville aux cent clochers, paraît en perte de vitesse : l'enfer fait moins peur qu'autrefois et la pratique religieuse, qui n'a rien d'intériorisé, vient surtout exprimer la grande confusion des valeurs.

Reflet du contexte historique, social, économique, familial, religieux et moral, en même temps que réplique réaliste de la mentalité et des attitudes des Québécois de l'après-guerre, *Un simple soldat* témoigne, enfin, par le personnage de Joseph, du fait que la jeune génération en a assez de la vie misérable qui lui échoit comme une tare héréditaire. Elle manifeste le goût irrépressible de connaître autre chose et défie les nombreuses contraintes sociales. L'heure de la Révolution tranquille va bientôt sonner.

Q A-t-on bien retenu ?

1. Qu'appelle-t-on la « grande noirceur » ?
2. Comment s'est anglicisée la langue française au Québec ?
3. L'égalité entre les femmes et les hommes est aujourd'hui une évidence au Québec. En fut-il toujours ainsi ?
4. Tentez de définir le « duplessisme ».
5. Expliquez l'importance exceptionnelle de la période 1945-1960 dans l'évolution de la mentalité et des attitudes des Québécois.
6. Comment les écrivains québécois ont-ils composé avec le devenir de leur collectivité ?
7. Quelles ressemblances et quelles différences pourriez-vous établir entre le Québec de la période décrite et celui d'aujourd'hui ?

BIOBIBLIOGRAPHIE

Biographie de Marcel Dubé

J'écris pour être parlé
Et pour qu'il soit possible
à mon frère inconnu
D'entendre couler mes larmes
et ma joie se débattre
Entre les quatre grilles des prisons
de mon rêve.

Marcel Dubé **(5)**

Né en 1930 dans un milieu modeste de l'est de Montréal (qui nourrira plus tard l'imaginaire de ses premières pièces), Marcel Dubé s'intéresse tôt à la poésie : comme tant d'autres adolescents, il y voit la voie royale pour épancher sa détresse intérieure. À l'âge de 15 ans, au moment où prend fin la Seconde Guerre mondiale, il s'interroge sur son avenir : doit-il développer ses aptitudes pour les sports ou suivre son penchant pour la littérature ? *La littérature mit trois ans à l'emporter sur le sport,* écrira-t-il plus tard (6). De fait, à 18 ans, il fait la découverte de Racine et d'Anouilh, et le voici bouleversé par la magie de la tragédie. Il affirmera que le goût d'écrire pour le théâtre lui est venu parce qu'il était un silencieux : il écrit sa première pièce en 1950 ; il la monte et la fait jouer par la troupe La Jeune Scène, qu'il vient de fonder avec des amis comédiens.

Sa pièce est un échec ; aussi décide-t-il, à la fin du cours classique, d'entreprendre une carrière de soldat. Mais son séjour dans l'armée canadienne dure à peine deux mois : *Pendant les périodes d'entraînement je me trouvais un coin pour dormir et pendant les démonstrations de balistique j'écrivais des poèmes* (7). Au retour, il s'inscrit à la faculté des lettres de l'Université de Montréal et envisage une carrière dans l'enseignement : *Je n'avais évidemment pas la tête de l'emploi, mais dans les situations désespérées on a souvent recours aux pires extrémités. J'eus le bonheur de ne pas terminer mon année* (8). C'est que Marcel Dubé vient d'écrire une autre pièce, *De l'autre côté du mur,* récit transposé de ses souvenirs d'adolescence. Contrairement à la précédente, la représentation de cette pièce est un succès. Aussi, une certitude lui est maintenant acquise : il gagnera sa vie en écrivant.

Une bourse permet au nouvel auteur dramatique de séjourner à Paris à l'automne et à l'hiver 1953-1954 : il y fait des stages dans des écoles de théâtre. De retour au pays, il devient tôt l'auteur vedette de la jeune télévision de Radio-Canada. Tout l'imaginaire de cet homme de théâtre d'une très grande sensibilité se nourrit de l'observation de sa société : *Il y avait autour de moi un pays invraisemblable et mythique que personne ne savait voir. Et dans ce pays se trouvaient des hommes et des femmes dont l'existence discutable n'était plus que marginale. Un pays pourtant régi par des lois, encadré de sociétés rigides et artificielles, mal définies, où les jours passaient infailliblement, chargés de silences et pourris de misères. Parfois, mais bien rarement, des sourires jaillissaient comme des perce-neige, aux heures privilégiées* (9).

Homme marqué par la solitude, il cultive l'amitié qui, reconnaît-il sans fausse honte, lui *a toujours plus réussi que l'amour* (10). Sa quête de solidarité humaine l'amène à chercher des gens *qui connais[sent] le poids des choses et des êtres, qui sa[vent] dominer leurs angoisses, vaincre leur inertie, lutter d'égal à égal avec la mort* (11).

Auteur prolifique et adulé pour la grande intensité dramatique de ses pièces, Marcel Dubé a abondamment écrit pour la radio, la télévision et le théâtre.

Il travaille jusqu'aux années 1970, où la maladie de Crohn le réduit à l'inaction pendant des années dans une chambre d'hôpital, à dialoguer avec la mort. Pendant ce temps, le théâtre québécois prend un virage avec le joual galopant comme mode d'expression, que Marcel Dubé se refuse à utiliser, au risque de se sentir dépassé par les nouveaux auteurs dramatiques célébrés par le public. Ce dramaturge, poète dans l'âme, se fait bientôt journaliste, chroniqueur, traducteur, adaptateur, en plus d'occuper différents postes associés à la culture québécoise. Aujourd'hui, Marcel Dubé se consacre à la rédaction d'un roman.

Terminons par ces confidences que Marcel Dubé faisait au journaliste Jean Basile (12) :

> – *Quel est votre dramaturge préféré ?*
> – *Tchekhov ; c'est l'inventeur du théâtre moderne.*
> – *Quelle est votre plus grande blessure ?*
> – *L'amour.*
> – *Et votre victoire ?*
> – *D'avoir réussi à continuer d'écrire dans des moments où rien ne m'y incitait.*

Vision du monde

Mon théâtre témoigne d'une servilité à un empêchement d'être.
Mes personnages vivent une dépossession initiale, essentielle.
Même s'il est destruction et pré-conscience, mon théâtre est
un appel à la vie et à la conscience, mais je ne sais pas
quelle est cette vie, quelle est cette conscience. Mes personnages sont
des ratés qui vivent leur destin jusqu'au bout.
Tout chez eux part de l'émotivité et retourne à l'émotivité.
Moi, j'écris au niveau des viscères.

Marcel Dubé (13)

Homme de conscience habité par un grand idéal, Marcel Dubé ne cesse de dénoncer les innombrables entraves de la réalité qui empêchent l'accès à un monde meilleur. Et comme ses personnages ne sont que la projection de son intériorité, on ne trouvera pas étonnant que plusieurs lui ressemblent. Éternels contestataires comme lui (*Je conteste toute la vie parce que la seule évidence qu'elle nous offre en dernière analyse, c'est la mort* [14]), ses héros partagent la sensibilité et l'humanité de leur créateur. On dirait une véritable osmose : *Quinze ans à laisser leurs ombres m'envahir de leur détresse, à chercher avec elles un chemin de joie [...], à monologuer moi-même entre les lignes de leurs aveux, à moduler ma plainte à travers leurs sanglots, à vociférer comme un perdu dans la nuit de leurs silences, à me taire et à frémir lorsque leurs cris bouleversent l'ordre paisiblement établi des choses* (15). Aussi, s'il nomme leurs tares et leurs déficiences, s'il dit leurs aspirations et leurs passions les plus intimes, c'est pour leur donner des mots afin qu'ils puissent crier leur souffrance et leur révolte, tout autant que les siennes propres.

Marcel Dubé doit être considéré comme un écrivain engagé socialement, de cela on ne peut douter, mais aussi engagé politiquement. On n'a qu'à lire la tirade « séparatiste » de sa pièce *Les Beaux Dimanches* pour s'en convaincre (16). Pour lui, l'écrivain est le *porte-parole de sa génération et de ses contemporains.[Il] sert d'éclaireur à ceux qui ont la vue obscurcie* (17). Ailleurs, le dramaturge reconnaît lui-même écrire pour redonner de la cohérence à un peuple désarticulé, écrire *pour notre délivrance* (18). On le constate, chez Marcel Dubé, le social jouxte le politique : son tableau tourmenté de notre déchéance sociale se fait interrogation angoissée sur le destin d'une nation, d'une nation empêchée. Pour hâter la compréhension de nous-mêmes et permettre à la lumière de percer.

Aussi son œuvre propose-t-elle un miroir des plus fidèles de la réalité québécoise afin que le spectateur se reconnaisse. Le dramaturge peint des individus étouffés par leur milieu familial et social, qui éprouvent d'énormes difficultés à vivre une vie individuelle. Des personnages tirés du sol et de l'âme de leur pays, confinés dans la zone grise du mal-être. Ils se débattent dans leur chair et leur esprit à la recherche d'une portion de bonheur, qui leur est constamment refusée. L'espoir vient alors se fracasser sur la dérive du réel, et naît la tragédie, autre aspect fondamental du théâtre de Marcel Dubé. Sa vision tragique de la réalité l'amène à peindre l'inéluctable écrasement des êtres par la fatalité.

Mais ces gens brisés par la vie et seuls dans leur détresse, happé par leur destin, ne manquent pas de grandeur : l'ampleur de leur gouffre ne peut qu'émouvoir. Le spectateur en retient surtout la soif inassouvie de tendresse, d'amour et de fraternité. Un rêve d'idéal et de pureté. Émotion facilitée par la plume du dramaturge qui arrive à faire jaillir du réalisme le plus noir toute l'humanité que portent inconsciemment ces êtres meurtris. Qui peut prendre la forme de la sincérité, de la fidélité et de l'honnêteté, valeurs primordiales qu'ont en commun les adolescents et les héros de Marcel Dubé, et que l'adulte a très souvent tendance à oublier.

L'œuvre de Marcel Dubé

Présentation générale

Auteur très prolifique, Marcel Dubé a écrit de nombreuses pièces pour la télévision, qui seront par la suite reprises à la scène. Son théâtre rend compte de la société québécoise et des différentes strates qui la composent, de l'adolescence à l'âge adulte et des milieux populaires aux quartiers bourgeois. Tentons, pour simplifier, de répartir ses pièces en deux grands courants, dont 1960 serait l'année frontière.

Le dramaturge s'est d'abord inspiré des milieux ouvriers et besogneux de la ville. Il y privilégie les adolescents dans le chaotique passage qui les mène au monde adulte. Eux qui aspirent à une libération et sont assoiffés de liberté étouffent littéralement dans l'atmosphère irrespirable des contraintes sociales imposées par des institutions qui ne savent pas répondre à leurs attentes. Aussi agissent-ils en opposition avec les adultes, leurs idées et leur mode de vie, et se révoltent-ils contre l'autorité, en particulier celle de la famille, et contre l'entourage adulte en général, qui lui-même refuse les jeunes. Ces petites gens des quartiers prolétariens, qui connaissent pour la plupart une mort purificatrice, sont décrits dans leurs situations quotidiennes et dans leur langue populaire.

Puis, Marcel Dubé délaisse le monde des adolescents révoltés au profit de celui des adultes des banlieues montréalaises. Les personnages, issus ici des mêmes quartiers populaires que dans le courant précédent, parviennent pourtant à composer avec la société jusqu'à atteindre la prospérité économique, celle qui a suivi la Seconde Guerre mondiale. Dans cette nouvelle classe privilégiée, un monde respectable en apparence, mais en apparence seulement puisque plusieurs ont dû vendre leur âme pour un certain pourcentage de gloire et de richesse. Le dramaturge les dépeint en train de voiler leur déchéance morale dans les mondanités, de noyer leur ennui dans l'accumulation des biens matériels et dans l'alcool. Mais chacun doit bientôt régler ses comptes avec la vie : tombent alors les masques, et ces arrivistes se retrouvent seuls avec eux-mêmes, condamnés à vivre. Le réalisme psychologique se double ici d'une étude de mœurs d'une certaine bourgeoisie.

Pièces de théâtre produites à la scène

1951- *Le Bal triste* (La Jeune Scène)

1952- *De l'autre côté du mur* (La Jeune Scène)

1953- *Zone** (La Jeune Scène)

1954- *La Nuit perdue* (Théâtre d'été)

1955- *Chambre à louer* (Festival dramatique, puis au Gesù)

1955- *Le Barrage* (Théâtre-Club)

1955- *Le Naufragé* (Théâtre-Club et Théâtre universitaire)

1958- *Le Temps des lilas* (Théâtre du Nouveau Monde)

1958- *Un simple soldat** (Comédie canadienne)

1960- *Octobre* (Théâtre des Auteurs)

1960- *Florence** (Comédie canadienne)

1961- *Pour cinq sous d'amour* (Théâtre de la Marjolaine)

1965- *Les Beaux Dimanches** (Comédie canadienne)

1965- *Il est une saison* (Théâtre de la Marjolaine)

1966- *Au retour des oies blanches** (Comédie canadienne)

1967- *Équation à deux inconnus* (L'Égrégore)

1968- *Un matin comme les autres** (Comédie canadienne)

1968- *Bilan* (Théâtre du Nouveau Monde)

1968- *Pauvre Amour* (Comédie canadienne)

1969- *Hold-up!* (Théâtre de la Marjolaine)

1969- *Le Coup de l'étrier* (Théâtre du rideau vert)

1969- *Avant de t'en aller* (Théâtre du rideau vert)

1974- *L'Impromptu de Québec ou le Testament* (Théâtre de la Marjolaine)

1975- *L'été s'appelle Julie* (Théâtre de l'Escale)

1976- *Dites-le avec des fleurs* (Théâtre de l'Escale)

1977- *Le Réformiste ou l'Honneur des hommes* (Théâtre du Nouveau Monde)

1986- *L'Amérique à sec* (Théâtre de l'Écluse)

* Pièces considérées par l'auteur comme les plus importantes (*Québec-Français*, numéro 35).

Un exceptionnel succès : *Un simple soldat*

1957- Conçue pour la télévision, la pièce est présentée à Radio-Canada en 1957.

1958- Adaptée pour la scène, elle est créée à la Comédie canadienne. Elle est également jouée en anglais. La version scénique est publiée à l'Institut littéraire de Québec.

1967- Après avoir été remaniée et corrigée, elle est reprise à la Comédie canadienne. Le texte retravaillé paraît aux Éditions de l'Homme.

1969- Reprise d'*Un simple soldat* par la Nouvelle Compagnie théâtrale.

1973- La pièce est jouée à la télévision de Radio-Canada et reprise en 1974.

1978- Elle est jouée au Centre national des arts d'Ottawa.

1980- La troisième édition est publiée aux Éditions Quinze.

1989- La pièce est jouée par le Théâtre populaire du Québec.

1990- Autre reprise au Théâtre Denise-Pelletier.

1993- Une quatrième édition paraît chez TYPO.

1998- La pièce est jouée par la Compagnie Jean Duceppe.

Importance du théâtre de Marcel Dubé

Avant 1945, le théâtre québécois brillait surtout par son absence. Pourtant, la première pièce à avoir été écrite et jouée en Amérique francophone date d'aussi loin que 1606 : le *Théâtre de Neptune* de Marc Lescarbot. Mais, très tôt, le genre théâtral fut frappé, ici, d'interdit : en effet, à la suite de « l'affaire du *Tartuffe* », occasion d'une mémorable querelle entre le gouverneur Frontenac et l'évêque Saint-Vallier de Québec, le théâtre disparaît presque complètement de la vie publique canadienne. Aux XVIIIe et XIXe siècles, à peine quelques noms d'auteurs méritent d'être retenus : Joseph Quesnel (1749-1809), Antoine Gérin-Lajoie (1824-1892) et Louis Fréchette (1839-1908). Jusqu'aux années 1940, une seule pièce mémorable, à saveur de larmes et de savon, le mélodrame *Aurore, l'enfant martyre* (Rollin et Petitjean), a obtenu un succès qui peut être comparé à celui de *Broue* dans le Québec des années 1980.

En fait, il faudra attendre 1937 pour que le théâtre obtienne droit de cité au Québec grâce aux efforts conjugués de deux animateurs exceptionnels : Émile Legault et Gratien Gélinas. Émile Legault, prêtre de la communauté des Clercs de Sainte-Croix, fonde une troupe, les Compagnons de Saint-Laurent, qui deviendra bientôt une véritable pépinière des professionnels de la scène. Son activité s'étend de 1937 à 1952 : elle suscite le goût du théâtre, du théâtre de qualité, au répertoire de plus en plus varié. Quant à Gratien Gélinas, il monte, de 1938 à 1946, *Les Fridolinades,* une revue théâtrale annuelle humoristique et satirique, constituée de sketches, de monologues, de chansons et de numéros de variété. Le public est alors témoin d'un regard nouveau porté sur la société québécoise dans une langue nouvelle, toute de verdeur, truffée d'expressions populaires. Puis, Gratien Gélinas décide de faire évoluer le personnage central de ses revues : Fridolin se réincarne en Tit-Coq, personnage éponyme de la première pièce de théâtre québécois digne de ce nom. En 1948, *Tit-Coq* devient le point de départ de la nouvelle et véritable dramaturgie québécoise.

Quand il commence à écrire, Marcel Dubé dispose donc d'un terrain pratiquement désert. Aussi apparaît-il très tôt comme un dramaturge très prometteur. Et il tiendra promesse. On doit reconnaître que son œuvre, dans la vie théâtrale québécoise, a l'importance de celle de deux autres pionniers qui ont balisé la route du roman moderne : Roger Lemelin et Gabrielle Roy. Marcel Dubé fut le premier à traiter au théâtre, avec réalisme, de problèmes humains autant que sociaux, à peindre des êtres vivants et vraisemblables, qui portent le visage aliéné du peuple québécois. Il a contribué de manière exceptionnelle à la création d'un véritable répertoire national et doit être considéré comme l'un des créateurs les plus féconds de la culture québécoise contemporaine.

Q A-t-on bien retenu ?

1. Qui est Marcel Dubé ?
2. Caractérisez l'ensemble de sa production dramatique.
3. Quelle est l'importance de ce dramaturge dans le corpus littéraire québécois ?

À vingt ans, un homme est fait. Ce qu'il acquiert par la suite, il se l'impose. Rien ne sera vrai comme l'aura été son enfance. Et c'est dans son enfance qu'il puise ses véritables richesses. Celui qui a manqué d'amour dans sa jeunesse recherchera l'amour toute sa vie. Celui qui a eu faim reconnaîtra le prix du pain, celui qui a eu froid mendiera de la chaleur. L'homme n'oublie rien. Son avenir est la suite logique de son passé. Ce qu'il a été, il le sera encore même s'il change de cadre et de milieu. Il n'y échappera pas. Il est à jamais habité. Sa mémoire est indestructible, ses premiers souvenirs sont impérissables.

Marcel Dubé (19)

Le genre littéraire

Un simple soldat, une des pièces les plus émouvantes de la dramaturgie québécoise, se déroule sous le signe de la fatalité. Son personnage pivot, Joseph Latour, est un être éminemment tragique : blessé par un mauvais aiguillage de la vie, il cherche désespérément un moyen de guérir. Mais le poids du passé s'acharnant sans répit sur le présent, jamais il n'arrive à faire coïncider ses aspirations les plus légitimes avec les situations du quotidien ; jamais il ne parvient à trouver l'unité, pas davantage en lui-même qu'avec ceux qui vivent autour de lui. Cette guérison tant appelée, seule la mort pourra la lui apporter. On pourrait ainsi croire que cette pièce est une tragédie. Pourtant Marcel Dubé préfère la qualifier de « comédie dramatique ». Tentons de comprendre.

Présence de la fatalité

Un fait est acquis : durant toute sa vie, Joseph Latour est écrasé par la fatalité (20). Il reconnaît lui-même que, depuis son enfance, une force inconnue le fait **« traîner l'enfer »** (p. 19) derrière lui : **« Je sais pas ce qui joue contre moi, je réussis jamais rien »** (p. 44). Ce premier coup du destin, cette brisure par laquelle la fatalité s'inscrit dans sa vie, c'est la mort de sa mère. Traumatisme psychologique qui le marque de manière irrémédiable : instabilité et révolte font de lui un marginal. Ayant abandonné l'école en quatrième année, il ne pourra même pas se permettre l'accès au nœud de son abîme, puisque les limites de son instruction l'empêchent de posséder les mots pour se dire. Son incapacité à nommer les émotions qu'il cherche à exprimer autant qu'à communiquer le situe au niveau d'un mal-être aussi diffus qu'insaisissable.

De plus, le destin en fait le fils d'un père faible, livré à la merci de la vie, tout le contraire d'un modèle masculin auquel il pourrait s'identifier. Outre l'impossible identification à l'image d'un père, Joseph se trouve au sein d'une famille désaccordée, « dysfonctionnelle », **« où personne s'aime »** (p. 135). Sans compter le milieu social de son quartier natal, avec lequel il lui est impossible de composer : un univers fermé et stagnant, un milieu défavorisé dans une société dominée. Comme si le mode d'emploi de la vie lui était refusé par quelque sombre destin d'une force métaphysique : **« Y a quelqu'un qui a triché quelque part. [...] Y a quelqu'un qui a mêlé les cartes »** (p. 119).

Non seulement se sent-il incapable d'aimer, mais, chaque fois qu'il se résout à faire un geste généreux, il en est empêché et, au contraire, ne réussit qu'à **« se mettre les pieds dans les plats »** (p. 86) : il part à la guerre, assuré d'y trouver un sens à sa vie, mais il ne peut combattre ; il entend accomplir un acte de solidarité avec les grévistes d'Asbestos, mais le destin en décide autrement ; il vient rembourser sa dette à son père, mais, trop tard, son père vient de mourir. La malédiction le poursuit jusque dans l'absurde : pour vivre ses aspirations les plus légitimes, celles de l'accord avec soi, il doit payer son écot à la mort.

La guerre pour mater la fatalité

Ces aspirations, Joseph croit pouvoir les réaliser à la guerre, qui lui semble la seule réponse possible à la fatalité, la **« seule place »** (p. 24) qui pourra permettre de réparer l'échec de sa vie. En devenant un « simple soldat », le raté et le vaurien qu'il reconnaît être pourront recouvrer leur dignité, celle des anonymes dont la vie a un sens. Car ce personnage tragique n'a qu'un seul souhait : **« faire quelque chose de [ses] mains »** (p. 21) et **« gagne[r] sa vie comme tout le monde »** (p. 21 et 43), réussir à se **« faire endurer, à marcher dans le rang »** (p. 24). Telle est la **« raison de vivre »** (p. 43) toute simple que lui procurera l'armée, pense-t-il.

Sans compter que la guerre permettra à l'enfant dépossédé, à l'orphelin de se trouver une identité, de se réaliser comme individu à l'intérieur d'une famille enfin retrouvée. Par ailleurs, symboliquement, Marcel Dubé fait prendre à Joseph la position du fœtus (p. 128) avant son départ pour la Corée : le petit enfant, chassé et renié par son père et tragiquement seul, se doit maintenant d'assumer sa propre vie. Il n'a plus le choix, il doit dorénavant se battre **« pour [lui] tout seul »** (p. 44). En s'enrôlant, Joseph décide d'assumer sa vie et choisit de se donner une identité propre, autre que celle du fils d'Édouard, loin de l'univers stagnant de son quartier natal, dans une famille véritable où règnent la fraternité et l'égalité (p. 21 et 43).

On peut ainsi comprendre le touchant attachement de Joseph au métier de soldat, ancrage de celui qui n'a de place nulle part. Un attachement qu'on retrouve tout au long de la pièce : il est piqué au vif quand Armand le traite de **« soldat manqué »** (p. 22) ; il devient émouvant et crédible quand il fait le récit imaginaire de ses expériences à Dieppe et à Berlin (p. 30 et 39), jusqu'à y croire lui-même. Et que dire de son attachement à la vareuse de son uniforme militaire, fétiche qui le valorise et qui servira de linceul tant au père qu'au fils !

La mort pour donner un sens à la vie

Dès qu'il se trouve en accord avec ses aspirations, dès qu'il peut échapper à l'impuissance de l'enfant dépossédé et qu'il réussit à répliquer au destin dans un corps à corps avec la fatalité, cette dernière revendique de nouveau ses droits et exige le tribut de l'absurde mort. Étonnamment, c'est cette mort à la guerre qui vient donner du sens à la vie ratée de Joseph. Toute cette vie menait à la mort qui, symboliquement, se fait libération ultime (si le grain ne meurt...) : arrivé au bout de son destin, par son propre choix, Joseph peut enfin s'affranchir de l'univers étouffant de sa vie (famille, quartier natal et société) et faire éclater les limites du temps et de l'espace qui le tenaient prisonnier. Mieux, il vient de liquider tous les fantômes de son passé contre lesquels il a livré d'innombrables combats aussi épuisants qu'inutiles.

Le destin avait fait de lui ce qu'il était, et il a décidé d'aller au bout de ce qu'il était. Il a accepté l'ultime rendez-vous où, pour la toute première fois, il se trouve confronté à lui-même et à lui seul. Où il peut enfin régler ses comptes avec **« celui qui a triché »** (p. 119). Le traumatisme de l'enfant empêché de grandir a disparu quand Joseph a obtenu ce qu'il espérait tant : **« la chance d'aller crever au front comme un homme »** (p. 127). Auparavant, il évitait ce vocable, lui préférant **« gars »**.

Joseph, personnage salvateur

Non seulement la mort donne-t-elle un sens à la vie de Joseph, mais elle en procure également un à celle des autres. Fleurette affirmera après la mort de son frère : **« Je veux pas l'oublier ! Je vais y penser toute ma vie ! »** (p. 141) Peut-on encore parler de mort quand la disparition de quelqu'un devient le principe de la vie de quelqu'un d'autre ? Quant au spectateur et au lecteur, qui assistent à cette quête passionnée d'authenticité et à cet intense questionnement sur le sens et son absence, ils ne peuvent qu'y reconnaître leur propre part d'ombre qu'ils ont si facilement tendance à fuir. Comme si Joseph s'était perdu dans son espoir pour en faire don au spectateur et au lecteur. Doit-on toujours parler de tragédie quand le héros est allé à l'essentiel, quand il a choisi *les chemins les plus difficiles de l'existence, mais les seuls qui grandissent vraiment et qui justifient l'homme de prendre sans culpabilité sa part inaliénable de vie : ceux de l'amour et de la liberté* (21) ?

Tragédie ou comédie dramatique ?

On comprend maintenant qu'*Un simple soldat* ne peut être assimilé à une tragédie : la vie tragique de Joseph en fait aussi sa grandeur, et la pièce se veut un appel à l'héroïsme en chacun de nous. Quand un homme prend conscience de ses carences et voue sa vie à la recherche de la liberté, jusqu'à se rendre au bout de sa nuit et de sa vérité, sa mort ne peut être que purificatrice et rédemptrice. Ce qui est d'ailleurs confirmé par le chant de libération de la toute fin de la pièce, le *Libera* de la messe des morts (p. 142).

Il faut bien davantage parler ici de comédie dramatique. « Dramatique », certes, parce qu'elle se déroule sous le signe du drame et de la fatalité ; mais aussi « comédie » par ses nombreux côtés cocasses qui ménagent, malgré tout, une belle place à l'humour et à la satire : le loufoque de la mère Brochu et de ses chats, les nombreux jeux de mots, entre autres sur les rondeurs de Bertha, les récits de Joseph sur son ami **« Adolphe »** ou sur la **« cicatrice »** qu'il veut montrer à Dolorès... L'humour se permet ici de venir tempérer le réalisme le plus noir.

On comprend maintenant pourquoi Marcel Dubé a donné à sa pièce le sous-titre de « comédie dramatique ». Le ridicule y est si bien peint que le spectateur en perçoit le mensonge et le pathétique, la comédie se faisant touchante. Quant au tragique de la destinée de Joseph, il ne doit rien aux tragédies anciennes : le personnage paraît un être rigoureusement vraisemblable et si proche du spectateur que ce dernier aimerait bien partager la pureté de sa quête. Dans une « comédie dramatique », comédie et tragédie sont donc inextricablement mariées et fondues.

Composition, structure et résumé

Un simple soldat, c'est...

...le cheminement d'un homme.

Soldat démobilisé sans être allé au front, le Montréalais Joseph Latour est incapable de s'adapter à la vie civile. Il renoue avec sa vie chaotique d'avant l'engagement militaire : situation familiale conflictuelle, absence de travail, vie de marginal qui provoque catastrophe sur catastrophe. Il met fin à cette vie misérable en se réengageant dans l'armée : il part combattre en Corée, où il trouve la mort.

...la fresque sociale et réaliste d'une époque.

La pièce, qui se déroule de 1945 à 1952, décrit la vie d'un quartier défavorisé de l'est montréalais au lendemain de la Seconde Guerre mondiale. La vie d'une société dans ce qu'elle a de plus banal. Certains (Bertha et Armand) sont centrés sur la vie familiale, une vie routinière et stagnante. D'autres (Marguerite, Édouard, Joseph et Émile) refusent d'« **étouffer dans le même p'tit coin** » et fuient la famille : ils ne trouvent guère mieux à l'extérieur. Quant à la génération montante (Fleurette et Ronald), elle sait déjà qu'elle sera happée par l'un de ces deux pôles.

...une pièce découpée en 4 actes et 23 tableaux ou « tranches de vie », structurée autour de la vie de Joseph, mais qui comprend également de nombreux événements de la vie réelle plus ou moins reliés à la vie du simple soldat.

Acte 1

Parti depuis trois ans, Joseph Latour revient de guerre, en mai 1945, sans avoir combattu. Sauf Fleurette, sa petite sœur, et son père, personne ne se réjouit de son retour. Le soldat démobilisé ne tarde pas à reprendre sa vie de marginal.

Acte 2

Deux mois plus tard, Joseph poursuit sa vie de parasite et fréquente les tavernes et les « grills ». Si Fleurette se fait sa complice en lui prêtant de l'argent, il en va tout autrement de Marguerite, sa demi-sœur, qui décide de quitter le foyer familial. Elle prétend qu'elle est secrétaire, mais tous devinent qu'elle se prostitue. Joseph se trouve bientôt un emploi chez Tit-Mine, le souteneur de Marguerite. Mais ce sera de courte durée : avec son ami Émile qu'il vient de retrouver, il part à l'aventure.

Acte 3

Trois ans et demi plus tard (fin avril 1949), après être **« passé à travers le pays »,** Joseph revient bouleverser la routine de chacun. Seule la vie de Fleurette semble modifiée : elle est amoureuse de Ronald. Incapable de rester en place, Joseph décide d'aller aider les mineurs d'Asbestos. Il vole une auto à Tit-Mine, mais il a un accident au cours duquel il est blessé. Tit-Mine le fait alors chanter : Émile va trouver le père de Joseph pour lui demander de payer la somme exigée par Tit-Mine. Le père réussit à convaincre Armand, le demi-frère de Joseph, de se porter garant de lui. Joseph revient à la maison sans manifester la moindre gratitude.

Acte 4

Quelques semaines plus tard, Joseph accepte un travail de pompiste pour rembourser la dette contractée envers son père. Mais il ne peut s'empêcher **« de boire sa première paye »**. L'heure des règlements de compte vient de sonner. Le père trouve assez de force pour mettre son fils à la porte. Mais il en est si chagriné qu'il a une crise cardiaque. Quand Joseph revient, il est trop tard.

Trois ans plus tard, à l'été 1952, Joseph Latour meurt à la guerre de Corée.

Des chansons au ton sentimental sont utilisées comme liens entre certaines scènes.

Dimension spatiotemporelle

Le temps

L'étendue du temps, depuis la démobilisation, en mai 1945, jusqu'à la mort de Joseph en Corée, à l'été 1952, permet de dessiner la fresque sociale de toute une époque, celle qui suit immédiatement la Seconde Guerre mondiale. Période d'enrichissement rapide pour les uns, mais aussi de stagnation pour les autres, beaucoup plus nombreux.

Le passage fréquent d'un temps à l'autre, d'une période à l'autre, facilité par le nouveau moyen de communication qu'est la télévision, média pour lequel *Un simple soldat* a été écrit, suggère les changements de civilisation en train de se produire après la guerre de 1939-1945 ; une société en constant mouvement, en pleine transformation, où le monolithisme séculaire est en train de se lézarder de toutes parts.

L'espace

Ici encore, les multiples lieux de la pièce sont au service de la fresque sociale. Il y a d'abord la maison, lieu de l'enfermement à l'atmosphère irrespirable, où l'on se dispute et se hait. Son « living-room » ou salon, lieu habituellement associé à l'intimité, devient ici celui des affrontements ; quant aux chambres, lieux de l'isolement, chaque membre de la famille Latour s'y réfugie à tour de rôle, quand il est à bout de mots.

L'espace montréalais occupe également une place importante, représenté par le bar, le « grill » et la taverne. Mais ces lieux de passage et d'évasion, où l'on se donne l'impression de mener une vie aussi luxueuse que factice (on y boit un *rye* commandé en anglais au *waiter*), sont autant dépourvus de sens que la maison.

L'ailleurs est aussi évoqué, tantôt lieu de l'irréalité et du fantasme, comme Dieppe et Berlin, tantôt celui de la désillusion, comme les camps militaires où a séjourné Joseph, tantôt encore celui de l'utopie, comme Hamilton et Asbestos. Et le seul lieu qui est porteur de sens, la Corée, mène à la mort.

Cul-de-sac d'une société, fin d'une époque, voire d'une civilisation.

Les personnages

> *Je n'ai écrit que des personnages que j'aimais, pour lesquels j'avais une affection infinie. J'ai voulu jeter un peu de lumière sur eux, pour qu'ils se reconnaissent en se voyant, et pour que ceux qui sont coupables se le reprochent.*

Marcel Dubé (22)

À côté de certains personnages bien vivants, en quête constante d'un mieux-être, qui se dérobe sans cesse et les condamne à l'échec, et aux prises avec la tragédie de leur vie, il en est d'autres, à l'importance fort secondaire, qui semblent créés dans l'unique but d'accentuer le réalisme de la fresque sociale, la peinture d'une époque.

Le protagoniste

Joseph

> *Je suis un homme qui a honte d'être homme*
> *Je suis un homme à qui l'on refuse l'humanité*
> *Je suis un homme agressé dans chacun des miens*
> *Et qui ne tient de conduite sensée cohérente*
> *devant les hommes tant qu'il n'aura pas réussi*
> *à effacer l'infamie que c'est d'être*
> *Canadien français.*

Paul Chamberland (23)

Un voyou, un raté

Joseph Latour est un personnage complexe et d'une grande densité. À le juger sommairement, on dirait un voyou de quartier batailleur et violent, un être indiscipliné, crâneur et fanfaron, instable et impulsif, **« pas fait pour rester en place »** (p. 63 et 88), mais qui ne va **« nulle part »** (p. 122). Incapable de tenir une promesse, il va jusqu'à trahir celui qu'il aime et qui l'aime le plus, son père.

Cet homme habité par des émotions incontrôlées et assailli par des pulsions intérieures est en constante réaction contre l'ordre des choses, celui de sa famille comme celui de son milieu social. Aussi ne manque-t-il pas d'attirer sur lui les reproches jusqu'à la haine : on le taxe de **« fainéant »** et de **« bon-à-rien »** (p. 54), de **« paresseux »** (p. 50) et d'**« arrogant »** (p. 103), de **« pire voyou du quartier »** (p. 26), de **« sans cœur et [de] raté »** (p. 131)... La liste semble infinie.

Un être ambivalent

Pourtant son créateur, Marcel Dubé, porte un regard sympathique sur cet homme qui *s'acharne à manquer avec perfection chacun de ses gestes.[...] Il dérègle un à un les mécanismes bien huilés de l'ennui quotidien et tue sans frémir les protagonistes-fantômes d'un univers sans soleil qui n'a pas les dimensions des paradis rêvés* (24). C'est que le comportement de Joseph semble s'opposer à ses véritables valeurs. Comme si les impulsions qui tissaient sa vie étaient quelque chose de surajouté, comme **« une seconde nature »** (p. 22) qui n'était pas la sienne, qui aurait pris naissance au temps mythique de son enfance, le mutilant de sa propre identité : **« [Mon cœur] y est mort quand j'étais jeune »** (p. 104). Et l'enfant meurtri a renoncé à grandir : il se terre encore aujourd'hui dans un corps d'adulte. Dès lors, cet être à la sensibilité exacerbée, qui n'arrivait plus à composer avec la vie, a été happé par la loi du tout ou rien (**« Quant à être un soldat manqué je vais l'être jusqu'au bout »** [p. 41]). Et sa détresse, sans cesse masquée par ses tonitruants **« éclats d'un grand rire »** brisé, le charrie inconsciemment entre ses deux personnalités : la vraie, celle à laquelle il aspire depuis l'enfance, et l'autre, celle avec laquelle son insécurité émotive le contraint à composer au jour le jour. Ce qui explique sa nature à la fois paresseuse et généreuse, sa quête inconsciente d'un idéal en même temps que son refus de toute responsabilité. On comprend dès lors que ses élans de tendresse puissent se déguiser en violence et sa quête d'amour, en cynisme agressif.

Un homme lucide capable d'authentique tendresse

Ce malotru empêcheur de tourner en rond est, en fait, capable d'une grande tendresse. Joseph comprend et aime son père ; malgré les apparences, il éprouve beaucoup de respect à son égard. Et le lien qui le lie à Fleurette est émouvant, comme d'un père à sa fille. Sans oublier son amitié fruste avec Émile, le fidèle compagnon d'infortune. Par ailleurs, cet homme à la grande sensibilité meurtrie est condamné à une lucidité exemplaire qui l'amène aux plus émouvants aveux : faisant allusion à sa vie, il dira qu'il « **y a toujours quelque part un chien galeux qui traîne sa maudite misère** » (p. 119). Le regard sans complaisance aucune qu'il porte sur lui-même vient compenser la médiocrité de ses gestes.

Par-dessus tout, un homme pur et intègre

Cet homme à la vision désespérée et désespérante a beau tenter de submerger sa sensibilité dans le jeu et l'alcool, toujours il parvient à départager le vrai et le faux, chez lui comme chez les autres. Ses gestes excessifs sont trahis par son franc-parler, qui ne sait ménager de place aux paroles creuses et aux discours inutiles. Idéaliste pathétique, il refuse tout compromis avec les valeurs frelatées proposées par la société, celles-là mêmes qui ont empêché cette société d'évoluer. Jusqu'à se faire redresseur de torts auprès des grévistes d'Asbestos. Cet homme pur et intègre, qui « **éclate en sanglots comme un enfant** » (p. 127), n'a pourtant qu'un désir tout à fait légitime : être aimé et aimer. Ce qui le pousse à secouer tous ceux qui l'entourent afin d'en faire jaillir l'étincelle de vie qui saura attiser sa soif d'être.

Les personnages principaux

En plus de Joseph, six autres personnages sont absolument nécessaires à la pièce. Chacun d'eux, en constante quête d'amour en même temps qu'aux prises avec un milieu opprimant, ne peut que faire le constat que cet amour se dérobe sans cesse.

Édouard

> *Dans mon pays les gens se taisent*
> *Endurent apprennent*
> *Et se cramponnent aux dures semaines.*

Claude Léveillée (25)

J'ai un fils dépouillé
Comme le fut son père porteur d'eau scieur de bois
Locataire et chômeur dans son propre pays.

Félix Leclerc (26)

Figure pitoyable du père, incapable de prendre ses responsabilités, figé dans son conditionnement à l'impuissance, cet homme si facilement résigné se fait la victime consentante de son destin. Usé et humilié par la vie, étouffé par son milieu, il refoule sans cesse la colère qui l'habite. Tragiquement résigné à se contenter de ce que la vie lui propose (« **Je me compte encore chanceux** » [p. 23 et 59]), pour acheter la paix il se laisse dominer par sa femme et ses patrons. On peut comprendre que cet homme, essentiellement silencieux et assujetti à la vie, ressente le besoin d'aller boire l'oubli et son inespérance à la taverne. Un seul espoir, qui le maintient en vie et se fait porteur de sens : qu'un jour son fils connaisse un destin meilleur que le sien. Ce sera sa revanche. Espoir qu'il caresse en même temps qu'il transmet lui-même à Joseph sa propre humiliation...

Doit-on voir dans le personnage d'Édouard l'incarnation des faiblesses héréditaires de la collectivité canadienne-française, elle aussi – c'était avant 1960 – victime docile de son destin ? Une société muette et soumise à son sort, qui se pensait « née pour un petit pain » et se résignait à l'immobilisme de la stagnation. Qui se croyait impuissante et déléguait ses pouvoirs à l'autorité, civile ou cléricale. Et, surtout, qui se laissait dominer par le pouvoir anglophone. Même destin pathétique d'une société qui « **piétine pitoyablement sur place** » (p. 59). Même aspiration obscure à une libération si lointaine qu'elle est projetée sur la génération suivante.

Bertha

Ce personnage frelaté véhicule les clichés d'une morale faussée. Femme apathique, désabusée, aigrie et résignée (« **J'attends rien de la vie** » [p. 117]), elle ne cesse de geindre. Tout pour cette paresseuse est contrainte et corvée : elle va jusqu'à se plaindre que son appartement est sale (p. 138), sans s'imaginer un instant qu'elle pourrait le nettoyer elle-même. Aussi se contente-t-elle de vivoter, en berçant sa routine et ses regrets sur un oreiller. Car son aveuglement comme mode de vie l'amène à rechercher le confort. À troquer les qualités de l'être contre celles de l'avoir, proposées par la nouvelle société de consommation. Aussi les mièvres chansons du soldat Lebrun suffisent-elles à meubler l'ennui de cette femme essentiellement égoïste et négative.

Ce personnage qui ne fait rien avec les gestes du désir est brossé sans pitié, avec une sorte de naturalisme accusateur.

Fleurette

La plus jeune de la famille, Fleurette, doit composer avec la vie médiocre des jeunes filles obéissantes des classes défavorisées. Blessée par la vie et par les déchirements des premières amours, elle demeure enjouée, malgré tout, comme s'il n'était pas dans le destin des petites fleurs de se flétrir, et entend faire confiance à la vie (« **ses yeux sont mouillés d'espoir** » [p. 144]). Simple et généreuse, consciente de ce qui se trame en elle et autour d'elle, Fleurette est le seul personnage vraiment capable de s'interroger sur elle-même.

Cette âme pure, sensible aux charmes de la poésie, entrevoit la possibilité d'une vie autre que la sienne, même si elle sait la voie encombrée d'embûches.

Armand

Ce mal-aimé, malheureux, quête l'amour de son père, mais ne récolte que l'étouffante affection de sa mère. Ce qui en fait un personnage ambigu, qui n'a pas encore trouvé sa véritable identité. Démuni de courage comme Édouard et partageant les valeurs de sa mère, il ne peut avoir qu'une défaillante estime de soi (« **Je saurais pas comment me débrouiller si je vivais seul** » [p. 49]). Car, malgré ses études (un « **cours commercial** » [p. 80]) et ses deux emplois, Armand est conscient d'avoir « **gaspill[é] sa vie** » (p. 95) et de « **tourner en rond** » (p. 77) dans son monde d'« **esclave** » (p. 77). Pour lui, seuls importent le travail et la réussite matérielle. Tellement qu'il en oublie de regarder en lui pour observer les attitudes défaillantes qu'il conviendrait de modifier.

Marguerite

Comme Joseph son frère, Marguerite est une petite fille qui n'a pas su grandir. Elle tire essentiellement sa valeur du regard que les hommes posent sur elle. Ce personnage fourbe et hypocrite est prêt à tout pour sortir de son milieu, jusqu'à se prostituer, pourvu que cela rapporte. Une vie limitée à l'avoir et au paraître.

Émile

Émile est en quelque sorte la doublure de Joseph : quand il est en compagnie de son ami, il le suit autant dans ses abus que dans ses rêves. Ce faible, qui se définit à partir des autres, qu'il s'agisse de Joseph ou de son dernier employeur, est cependant capable de tendresse et d'amitié.

Les personnages secondaires

Certains personnages ne prennent aucune part à l'action dramatique. Leur présence sert essentiellement à nourrir la fresque sociale, à accentuer le réalisme d'une époque.

Madame Brochu

« **Mémère Trente-sous** » est une commère de quartier, abonnée aux médisances et aux calomnies. Marcel Dubé en fait une peinture folklorique, haute en couleur, et s'en sert pour dénoncer, par le ridicule, une croyance et des pratiques religieuses souvent strictement superficielles, quand elles ne sont pas réduites au rang des superstitions. Une religion vidée de son sens : « **Après mes chats, c'est mon prochain qui m'inquiète le plus** » (p. 62).

Tit-Mine

Tit-Mine est un modèle de réussite, pense Bertha : il est bien vêtu, a de bonnes manières et, surtout, possède beaucoup d'argent. Il s'agit pourtant d'un proxénète, qui illustre l'existence de la petite pègre de quartier.

Ronald

L'astucieux Ronald sait profiter du système et de l'argent de son père. Fils de la première génération à accéder à la bourgeoisie de l'argent, il n'hésite pas à se faire beau parleur pour obtenir ce qu'il convoite. Mais ce prétentieux qui a accès aux études est un être tout à fait égoïste.

Dolorès

La personnalité de Dolorès se situe à mi-chemin entre celle de Fleurette et celle de Marguerite. Mais après avoir partagé les idéaux de Fleurette (« **Si t'avais voulu un jour...** » [p. 122]), les désillusions de la vie l'ont fait choir, comme Marguerite, dans la prostitution.

Tournevis et Pitou

Ces deux jeunes sans personnalité tentent de parasiter celle des autres. Ils rappellent la présence des bandes de voyous qui hantent les quartiers montréalais.

Des figurants

Ce sont l'orphelin qui va au cimetière, dont la présence est strictement symbolique, de même que le garçon du bar et la serveuse du restaurant. Ajoutons la voix de divers personnages : l'annonceur à la radio et les deux marchands ambulants.

La thématique

La thématique de la pièce *Un simple soldat* est immensément riche.

Les thèmes directeurs

La fatalité ou la liberté entravée

Le thème de la fatalité a déjà été abordé au regard du personnage de Joseph. Mais l'inéluctable sentiment d'être écrasés par quelque chose qui les dépasse, avec l'impression de ne pouvoir sortir de cette condition, touche chacun des personnages importants. Édouard est un homme soumis. Fleurette se demande « **qui [elle est] pour qu'on [la] respecte** » (p. 106). Armand se sent « **comme un esclave** » (p. 77) et Émile s'interroge sur son incapacité de réussir (p. 86). Même Bertha est momentanément consciente du poids du destin : « **Même si tu voulais te défendre, tu sais d'avance que c'est inutile. T'es pas plus qu'un chien, tu vis comme un chien et puis tu meurs comme un chien** » (p. 48).

La société et son pouvoir sur l'individu

La société avec ses conventions passéistes empêche les gens de s'assumer. Pis, elle broie leurs rêves. Son atmosphère étouffante contribue à déshumaniser les membres qui la composent en faisant d'eux des résignés, des démissionnaires, des vaincus.

La société recouvre ici autant la zone grise de l'est montréalais que, plus globalement, la société canadienne-française. Dans les deux cas, on sent la présence d'un pouvoir tout-puissant aux mains d'étrangers. C'est lui qui détient les rênes de l'économie et permet le développement de la société de consommation qui commence à s'imposer. Ce pouvoir étranger permet surtout de prendre conscience de notre dépouillement pécuniaire. Aussi l'attitude envers les Anglais et leur langue est-elle ambivalente : on hait les patrons et les symboles anglais comme le « **God save the King** » (p. 32), mais on se donne l'impression d'être riche en commandant à boire en anglais.

L'alcool peut ici être considéré comme un tranquillisant sécrété par la société pour faire oublier ses aspérités. (La drogue et le rire lui serviront bientôt d'adjuvants.)

La famille, lieu de solitude et d'isolement

Mais la pièce rappelle également que l'exploitation ne vient pas nécessairement des autres, les Anglais. Le mal se trouve au sein même de notre système, dans la famille, la toute première cellule sociale. C'est l'époque où s'effrite l'influence de la religion, qui assurait le bon fonctionnement de la famille ; cette dernière apparaît ici en pleine mutation, plutôt en voie de décomposition, à mille lieues de la famille idyllique de Maria Chapdelaine, beaucoup plus près de la famille éclatée de l'univers de Michel Tremblay.

L'amour, qui hier encore était le ciment de la cellule familiale, se dérobe là même où devrait être son lieu d'élection. Pour plusieurs, son substitut semble être l'argent, déclencheur de nombreux drames. Aussi les bons sentiments ont-ils fait place à la jalousie et à la haine, et le mariage apparaît comme le lieu des avantages pratiques. Le père, terré dans son silence, est dominé par sa femme et absent à ses enfants « manqués » (27), et chacun des membres voit ses horizons bloqués.

Dans ce lieu de l'incommunicabilité, chaque personnage se sent « **éperdument seul** » (p. 14). Solitude qui peut relever de causes sociologiques, mais bien davantage ontologiques : chacun paraît désespérément seul dans la vie, ne pouvant même plus faire appel aux illusions d'une croyance religieuse. Cette solitude mène à l'isolement de chacun, en lui-même et dans l'enfermement de sa chambre, afin de mieux pleurer sur son sort.

Les thèmes secondaires

La quête de tendresse

Si l'amour se dérobe, certains, qui continuent de chercher du sens malgré la perte de l'espoir, y trouvent un important succédané : la tendresse. Qui permet de mieux supporter la misère du quotidien. Les preuves d'affection qui lient le père et le fils sont aussi nombreuses que touchantes. Il en est de même pour l'amitié protectrice de Joseph envers Fleurette (on prêtera attention ici aux mots doux : « **ma p'tite bonjour** » [p. 20], « **mon cœur** » [p. 24], « **mon ange** » [p. 54]... auxquels répond le protéiforme « **espèce de [...]** » [p. 99 et 128] de Fleurette). Et la complicité entre Joseph et Émile ne manque pas, non plus, d'émouvoir.

La révolte et le conflit des générations

La pièce met en scène deux générations complètement différentes. La jeune génération en a assez de la vie misérable héritée du passé et appelle le changement. Au père soumis, sédentaire et rangé, succède le fils révolté, nomade et désordonné. En bravant son père, le fils tente de le modeler sur l'image du père qu'il aurait aimé avoir. Joseph en a assez de la vie misérable de son milieu ; il éprouve un désir irrépressible de connaître autre chose. Ce qui s'exprime dans son défi aux contraintes sociales, son rejet total des convenances.

La quête de l'ailleurs

Le Québec ne sera perçu comme un sol fécond où il est possible de fixer ses racines qu'après 1960. Avant la Révolution tranquille, nombreux étaient les créateurs qui s'exilaient dans un ailleurs moins ombrageux que celui de la « grande noirceur ». Jusqu'aux membres des communautés religieuses qui, en grand nombre, croyaient devoir poursuivre leurs études en Europe pour assurer leur réussite. Malaise que pourrait bien illustrer la quête de l'ailleurs de Joseph Latour, qui vit en exil de son identité fondamentale dans son propre quartier.

Dans la pièce, il y a l'errance réelle : Joseph fantasme sur des lieux de combat militaire ; il « **traverse le pays d'un bout à l'autre** » (p. 88) et va finalement mourir en Corée. Mais on retrouve un autre « ailleurs », un thème présent et récurrent dans la littérature québécoise, lui aussi synonyme d'évasion : l'alcool.

La quête de l'ailleurs est enfin suggérée dans les didascalies : un train passe au loin (p. 39 et 61), une sirène de bateau se fait entendre (p. 27 et 111) ou encore la présence d'un matelot est signalée (p. 39). Sans oublier les très nombreuses fuites pratiquées par chaque personnage.

Autres thèmes

On pourrait encore considérer d'autres thèmes : la mort (suicidaire ?) qui habite et hante Joseph tout au long de la pièce, la guerre et ses effets, la religion mal comprise, la morale vidée de son sens, la confrontation de deux sociétés – l'anglaise et la française –, le poids de la petite enfance sur l'âge adulte...

Et un dernier. Que faut-il penser du rôle que Marcel Dubé confie à l'écrivain de ce pays : *Écrire, c'est affirmer, malgré tous les obstacles, la légitimité et l'autonomie du peuple canadien-français... Notre littérature est noire... mais puisque [les auteurs] écrivent, c'est qu'ils ont accepté le défi de faire une patrie de ce pays, coincé entre les hivers, qui est le nôtre* (28) ?

L'écriture ou l'adéquation du fond et de la forme

La langue de Marcel Dubé

> *Dépoétisé dans ma langue*
> *Et mon appartenance*
> *Déphasé*
> *Et décentré*
> *Dans ma coïncidence...*
>
> **Gaston Miron (29)**

On l'a déjà vu, la pièce se présente comme une vaste fresque réaliste. Comme il s'agit de décrire la vie quotidienne autant que des événements historiques, d'expliquer des comportements humains et sociaux, Marcel Dubé a donné vie à des personnages que nous pourrions côtoyer dans la rue et les a placés dans des situations qui nous semblent journalières. Mais si l'authenticité psychologique des personnages et la vérité sociale paraissent indiscutables, qu'en est-il de la réalité linguistique ?

Tout en donnant l'impression de faire parler ses personnages comme ils parlent dans la rue, Marcel Dubé propose une langue épurée qui se veut une recréation de la langue de tous les jours, qui n'est pas la langue réelle utilisée par le public auquel il s'adresse. C'est que le dramaturge se refuse de composer avec le joual, qui sera bientôt utilisé par la majorité de nos dramaturges, plus précisément à partir de Michel Tremblay.

Pour l'auteur d'*Un simple soldat*, utiliser la langue carencée et amputée qu'est le joual, c'est renoncer à la langue de notre identité, à cet outil dont on s'est dramatiquement laissé déposséder au cours de notre histoire, en particulier depuis les vicissitudes de 1840. Et son refus se fait nettement politique :

> S'il est vrai que nous formons un peuple qui n'est plus né pour un p'tit pain, je crois de la même façon que nous ne sommes pas nés pour la langue d'un p'tit joual. Les Québécois ne peuvent plus se permettre de s'amuser avec un p'tit joual. Cela fait trop l'affaire des anglophones (30).

Aussi, à la force et à l'omniprésence de la langue anglaise, à son immixtion dans la nôtre, il entend opposer la langue d'une vigueur culturelle retrouvée, la langue de notre reprise en main collective, le français :

> Je pris conscience tout à coup de l'importance de la langue française comme condition déterminante, primordiale, indissociable de notre survivance (31).

Une langue qui se veut autre chose que le reflet de l'amertume, du désespoir et de l'impuissance d'une société ; qui se fait plutôt porteuse des rêves de ses personnages tout en se situant à la hauteur des espoirs et de l'idéal de la collectivité. Tout au contraire des utilisateurs du joual pour qui une langue opprimée entend exprimer une situation d'oppression sociale ; pour qui les abondants écarts linguistiques montrent que la société n'est pas ce qu'elle devrait être.

La langue de Marcel Dubé se veut donc conforme à la vérité des personnages davantage qu'au réalisme linguistique. Cette recréation de la langue de tous les jours ne manque pas parfois d'étonner : Pitou parle des **« jeunes filles [qui] vieillissent un peu plus vite qu'avant »** (p. 31) ; Émile, qui commande son *double ryes* **« sur le ciment »** (p. 41), avoue qu'il **« déchaussait des autos »** (p. 43) ; Édouard parle de Fleurette qui éprouve du **« chagrin »** (p. 114). Avec le **« ici »** de Joseph (p. 99) et de Bertha (p. 103) et le **« Écoute-le plus »** (p. 99) de Fleurette, le lecteur trouve beaucoup d'exemples d'une langue résolument épurée.

Néanmoins, les expressions populaires et imagées abondent, de **« rongeuse de balustres »** (p. 38) à **« on n'a pas gardé les cochons ensemble »** (p. 65), de **« bois dans ton verre et puis mets pas ton nez dans ma tale »** (p. 39) jusqu'à trouver quelque chose **« en dessous de la queue d'une chatte »** (p. 92). Expressions par ailleurs tout à fait françaises. Quelques jurons sont aussi présents (p. 32, 43 et 122) de même que certains mots anglais pour rappeler que cette langue est celle du travail et des affaires : **« boss »** (p. 140), **« foreman »** (p. 86), **« scabs »** (p. 87), **« big shot »** (p. 139) et **« business »** (p. 44, 57, 63, 64, 66, 87 et 100). De même que celle de l'illusion : on l'utilise dans les bars (p. 41, 42, 117, 118 et 119) ou pour désigner un bordel (p. 126).

Les dialogues

Les dialogues, qui refusent la vulgarité, savent se rendre crédibles. Leur vitalité se nourrit de répliques percutantes. Comme si le silence dans lequel les personnages sont enfermés ne pouvait que se transformer en paroles dures et cruelles. Ce qui donne une langue directe, drue et incisive, qui va droit à l'essentiel, toute de dénuement et de simplicité, à l'image du dépouillement des personnages. L'usage fréquent de l'insistance et des répétitions traduit leurs difficultés à communiquer, alors que l'utilisation abondante des tournures négatives, d'ailleurs souvent doubles (**« je réussis jamais rien »** [p. 44]), exprime tout ce dont ils sont dépossédés, à commencer par une image positive d'eux-mêmes. La densité particulière des phrases et leur émouvante plénitude assurent ici l'authenticité du tableau.

Les personnages

Bien campés, les personnages parlent un langage qui leur ressemble. En situation d'échec et de révolte, Joseph s'exprime de manière directe, avec les éclats d'un homme emporté. Chaque mot du silencieux Édouard est pesé et compté. Jusqu'à une didascalie qui illustre, à l'aide d'une allitération, la vie terne de cet homme résigné : il **« piétine pitoyablement sur place »** (p. 59). L'apathique et geignarde Bertha **« s'écrase »** tantôt sur le perron (p. 112), tantôt dans un fauteuil (p. 10), avant d'aller se coucher parce qu'**« y a rien d'autre à faire »**. L'usage fréquent de la négation vient traduire son nihilisme. Quant à Fleurette, dont la voix **« sème la joie dans le quartier »** (p. 10), elle parle la langue de la jeunesse et de la tendresse, alors que l'envieux et matérialiste Armand adopte une langue terne au ton souvent vindicatif.

Les tonalités

Cette pièce éclairée par une lueur tragique, mais tempérée par la présence de l'humour, allie malice et ironie, comique et satire, pathétique et poésie, tendresse et drame. Comme dans la vie, les éléments tragiques voisinent avec les scènes comiques et se conjuguent pour produire des scènes de grande intensité dramatique.

Constamment la langue charrie les émotions, qui permettent l'identification des spectateurs et des lecteurs aux personnages et ce, depuis plus de quatre décennies.

Les chansons

Absentes dans la première version, des chansons intercalées entre les scènes viennent ponctuer et commenter l'action dramatique. Essentiellement marquées par la tendresse, elles tempèrent le réalisme et apportent une dimension poétique à la pièce. L'écart qui s'établit entre le pathétique de certaines scènes et le contenu poétique des chansons ne manque pas d'ajouter à l'émotion.

Intérêt particulier de la pièce

Sa symbolique

Comment expliquer le succès d'*Un simple soldat* qui, depuis 1957, ne cesse d'émouvoir le public québécois ?

Par-delà le drame humain et universel qu'il personnifie, drame où nombre de spectateurs retrouvent dans le cul-de-sac de sa vie celui de leur propre destinée, sans doute faut-il également voir dans le personnage de Joseph Latour l'incarnation de l'âme de toute une collectivité qui, elle aussi, éprouve d'énormes difficultés à vivre sa véritable identité. Comme si Marcel Dubé, sensible aux inquiétudes de son temps, avait voulu, par le biais d'un destin individuel vraisemblable, évoquer une aventure collective véridique. Pour amener les Québécois à prendre conscience de leur joug.

Ainsi, Joseph Latour, qui partage son prénom avec celui de tous les Québécois de sa génération, permet de saisir certaines caractéristiques de l'âme québécoise : une société étrangère à la vie économique de son pays et qui, parce qu'elle éprouve de la difficulté à croire aux vertus de l'effort continu, ne manque pas une occasion de faire le constat de son impuissance, alors même qu'elle déborde de rêves et d'idéaux ; une collectivité marquée par un dualisme séculaire : depuis l'âge héroïque des « coureurs des bois » jusqu'à l'époque actuelle des loisirs où les Québécois ont acquis la réputation d'être l'un des peuples les plus voyageurs au monde (la quête de l'ailleurs est aussi un thème fort récurrent dans notre littérature), on a toujours éprouvé le besoin de s'évader, croyant que le bonheur, le paradis se trouve ailleurs, mais en espérant toujours, étrangement, parvenir à creuser des racines chez soi. Destin éprouvant : pour Joseph, qui a peine à composer avec Bertha, et pour la collectivité francophone qui, à la suite de certains épisodes de son histoire, arrive difficilement à composer avec son milieu et son présent, au point de se sentir de trop dans son propre pays. Plus globalement, le critique Normand Leroux suggère de voir, dans le comportement de Joseph, l'expression de *nos obsessions, nos remords, nos haines, notre mesquinerie, notre grandeur aussi et, surtout, notre impuissance* (32). Ce qui revient à dire que Joseph, le héros de la pièce, témoigne de l'homme québécois qui cherche son identité pendant que la pièce elle-même fait écho à notre difficulté d'être collective. Une pièce pour que les Québécois se voient, s'entendent et s'attendrissent.

Risquons maintenant un parallèle entre la vie de Joseph et le destin du Québec, comme si la première pouvait se faire la métaphore de l'autre :

La vie de Joseph Latour

1. Une enfance heureuse avec sa mère.

2. Traumatisme psychologique, à la suite du décès de sa mère, amplifié par l'arrivée de sa belle-mère, Bertha.

3. Dès lors, la vie de Joseph est transformée : le malheureux orphelin n'est plus lui-même.

4. Joseph devient un révolté, qui refuse toute autorité : celle de Bertha, l'usurpatrice, celle des patrons et celle, surtout, de ceux qui parlent une autre langue que le français.

La collectivité québécoise

1. De 1608 à 1760 : une époque mythifiée, sous la tutelle de la mère patrie.

2. Traumatisme social lors de la défaite de la France, accentué par la prise de possession du pays par l'Angleterre.

3. Dépossédée de son identité, désespérée et nostalgique, la société francophone se croit amputée de ce qui la caractérisait naguère. Ce que rappelle toute la littérature du XIXe siècle.

4. Écrasés sous le poids de leur sentiment d'impuissance, les Canadiens français ont néanmoins été tentés par la révolte : la rébellion de 1837-1838. Et la raison d'être du Parti québécois, à l'origine, ne consistait-elle pas à reprendre la lutte et les objectifs des Patriotes ? Serait-il abusif de parler ici du FLQ ?

5. Joseph décide finalement de s'assumer, de se prendre en main ; il *cherche à se dépasser pour parvenir à être*, affirme M. Dubé. Mais il ne peut échapper à son destin ; il doit payer de sa vie sa propre libération.

5. Les Québécois peuvent-ils avoir le même courage, le même héroïsme que Joseph ? Aliénés dans leur passé, peuvent-ils décider d'assumer leur présent ? Ne pourrait-on pas voir, au contraire, l'actuelle présence d'une pulsion de mort : certains choix référendaires, le très bas taux de natalité, le plus haut taux de suicide en Occident chez les jeunes... ? Voudra-t-on vraiment, comme Joseph, s'affranchir du passé pour accéder à la libération ?

De précieux renseignements sur une époque

Par l'ampleur de sa fresque sociale, la pièce peut aussi aider à mesurer la maturation de la conscience des Québécois de même que l'évolution sociale de 1957 à aujourd'hui. Ainsi, on pourrait sans doute comparer la vie de parasite de Joseph à celle de fort nombreux jeunes marginaux d'aujourd'hui qui, eux aussi, en ont assez du peu de place qu'on leur fait dans la société. La révolte même de Joseph ne peut-elle pas trouver un écho dans une certaine violence sociale ? Et le père, dramatiquement absent dans la pièce : qu'en est-il aujourd'hui ? Où sont les leaders qui nous permettraient d'envisager l'avenir avec assurance ? Ne connaissons-nous pas actuellement une crise d'autorité semblable à celle de Joseph ? Et comment a évolué la cellule familiale depuis *Un simple soldat* ? Quelle place a prise, dans nos vies, la société de consommation ? Autant de questions parmi bien d'autres, qui exigeraient des réponses personnelles et fort nuancées.

Une leçon de valeurs

La lecture d'*Un simple soldat* peut également apporter le baume d'une leçon de valeurs. À une époque où, rentabilité oblige, la formation de l'être humain prend toutes les apparences d'un conditionnement, Marcel Dubé vient rappeler que ce sont les conditions, et non le conditionnement, *qui devraient être la source de nos préoccupations les plus vives* (33).

Comparaisons à établir avec d'autres œuvres littéraires

On aurait intérêt à comparer l'évolution de certains thèmes depuis *Un simple soldat* jusqu'aux pièces de Michel Tremblay : regard décapant porté sur les milieux défavorisés, tragédie de l'échec, famille éclatée, pessimisme des personnages... Analyser également l'évolution de la langue : comment le théâtre de Michel Tremblay pousse plus loin que Marcel Dubé le réalisme linguistique.

D'autres pièces traitent de la guerre : *Le Jeune Latour* d'Antoine Gérin-Lajoie, *Les Grands Soleils* de Jacques Ferron, *La Guerre, Yes Sir !* de Roch Carrier et, surtout, *Tit-Coq* de Gratien Gélinas, histoire d'un autre soldat démobilisé, de qui Joseph serait un frère cadet, en plus tragique. Comparer la structure, le choix de l'époque...

Comparer le rôle du père et le thème de la guerre avec le roman *Bonheur d'occasion* de Gabrielle Roy.

Mettre en parallèle l'importance des tavernes et des bars dans *Un simple soldat* avec la pièce *Tit-Coq* de Gratien Gélinas, le roman *Le Libraire* de Gérard Bessette et le recueil *Contes pour buveurs attardés* de Michel Tremblay.

Comparer la quête de l'ailleurs de Joseph avec celle du personnage éponyme du *Survenant* de Germaine Guèvremont, avec qui Joseph a de nombreux points en commun : son grand éclat de rire, sa vareuse, son goût pour l'alcool, etc.

Quel parallèle pourrait-on établir entre la révolte de Joseph et celle du personnage central du roman de Jacques Renaud *Le Cassé* ?

Pourrait-on affirmer que, par son refus de se ranger, de diluer sa vie dans le conformisme que lui propose la société, Joseph Latour met en pratique les enseignements du *Refus global* ?

La mère qui, comme Bertha, impose ses vieilles valeurs et tient tous les membres de sa famille dans un carcan est un thème que l'on trouve également dans *Le Torrent* d'Anne Hébert et dans *Mathieu* de Françoise Loranger. Comparer ces personnages de femmes qui sont moins des êtres humains avec des sentiments réels que l'incarnation d'une idéologie.

Le « dérèglement de tous les sens » par lequel Rimbaud entend préserver intactes les aspirations de la jeunesse pourrait-il être associé à certains aspects de la vie de Joseph ?

Quelques extraits de critiques

« Ce qui compte avant tout, dans *Un simple soldat*, c'est cette intuition ou, mieux encore, cet instinct qu'a Marcel Dubé d'aller aux choses essentielles, de discerner le durable de l'accessoire, de saisir cette intimité de l'âme canadienne-française si difficile à cristalliser et de savoir l'exprimer avec une force, voire une violence, assez extraordinaire. »

Jean Hamelin, Le Petit Journal, 15 décembre 1957.

« Joseph Latour, c'est la colère de l'homme conscient d'une humiliation socialement congénitale. Une colère qui, si elle ne " purifie " pas le monde, [...] rappelle du moins que la mesquinerie de ce " monde " n'est pas encore irrémédiablement opaque. Ce Joseph Latour, comme tous les autres, ne purifie pas le monde, car il ne sauve que lui-même. »

R. de Repentigny, La Presse, 2 juin 1958.

« L'autre soir, après une "représentation" sans histoire à l'Assemblée législative, j'ai eu la chance de voir à Québec toute la deuxième partie du Simple soldat de Marcel Dubé. Car j'ai vu ce qui, à mon avis, est la pièce la plus drue et vraie qu'on ait encore tirée de nous. C'est nous autres tout crachés. Même quand ils cèdent à un léger penchant pour la prédication (sur l'air de "Si tous les gars du monde...") les gens de Dubé arrivent encore à nous convaincre, tant ils sont vivants et présents, y compris dans leurs gaucheries. »

René Lévesque, Dimanche matin, mai 1967.

« La pièce de Dubé est celle qui cristallise le mieux l'insaisissable âme canadienne-française, celle qui exprime le plus justement nos obsessions, nos remords, nos haines, notre mesquinerie, notre grandeur aussi et, surtout, notre impuissance. À travers ses personnages typiques, Dubé porte un vrai témoignage sur l'homme québécois en quête de son identité. »

Normand Leroux, Livres et auteurs canadiens, 1967.

« Quand j'ai visionné la production qui a été faite en 1957, j'ai été assez surpris. Ça ressemble à un vieux clip des Rita Mitsouko ! Imagine Juliette Huot, avec sa cigarette qu'elle tète et son Coke, prise d'en haut par la caméra comme dans le fond d'une bouteille. Je croyais que c'était Michel Tremblay qui avait révélé ça, le populaire, le misérabilisme. C'est ce côté urbain qui m'a séduit. Le faste de l'après-guerre, les désillusions d'un certain monde. Ça me semble assez proche d'aujourd'hui. Jusqu'au refus des responsabilités manifesté par Joseph... »

René-Richard Cyr, entrevue accordée au journal Voir,
semaine du 28 septembre au 4 octobre 1989.

Après avoir regardé à la télévision, le soir du 10 décembre 1957, *Un simple soldat* :

> Un très grand soir pour la télévision québécoise; un des chefs-d'œuvre de notre littérature [...] moi, j'étais muet d'admiration et de jalousie parce que c'est ça que je voulais faire dans la vie, décrire les autres, tout ce qui m'entourait, en faire du théâtre ou des romans.

Michel Tremblay, *Douze coups de théâtre*,
Montréal, Leméac, 1992, p. 113.

Q A-t-on bien retenu ?

1. Pourquoi ne peut-on pas qualifier la pièce *Un simple soldat* de tragédie ?

2. Résumez la pièce en 15, puis en 5 lignes.

3. Sur combien d'années se déroule-t-elle ?

4. Rappelez les principaux lieux et leur symbolique.
   Comment est évoqué l'ailleurs ?

5. Brossez un portrait psychologique de chaque personnage important.

6. Quels sont les principaux thèmes de cette pièce ?

7. Comment l'écriture de Marcel Dubé se distingue-t-elle du joual ?

8. Selon vous, quel est l'intérêt premier de cette pièce ?

LISTE DES RENVOIS

1. *Le Devoir*, 31 mars 1961.
2. En 1837 et 1838, certains de ses membres moururent au combat, d'autres subirent la pendaison, d'autres encore furent contraints à l'exil en Australie et aux Bermudes. Quant à ceux qui sont restés, on peut comprendre qu'ils préférèrent se faire oublier un certain temps...
3. Albert Tessier, *Femmes de maison dépareillées*, Montréal, Fides, 1942.
4. *Le Devoir*, 15 mars 1945.
5. *Le Choix de Marcel Dubé dans l'œuvre de Marcel Dubé*, Montréal, Les Presses laurentiennes, 1986.
6. *Ibid.*
7. *Ibid.*
8. Marcel Dubé, *Textes et documents 1*, Montréal, Leméac, 1968.
9. *Ibid.*
10. *Le Devoir*, 9 novembre 1968.
11. Marcel Dubé, *op. cit.*
12. *Le Devoir*, 9 novembre 1968.
13. *La Presse*, 29 avril 1967.
14. *Québec-Français*, octobre 1980.
15. Marcel Dubé, *op. cit.*
16. Marcel Dubé, *Les Beaux Dimanches*, Montréal, Leméac, 1968, p. 97 à 101.
17. Extrait du programme de la pièce *Les Beaux Dimanches*.
18. Marcel Dubé, *Textes et documents 1*, Montréal, Leméac, 1968.
19. *Le Devoir*, 6 juin 1966.
20. D'après *Le Petit Robert* : « Force surnaturelle par laquelle tout ce qui arrive (surtout ce qui est désagréable) est déterminé d'avance d'une manière inévitable. »
21. Marcel Dubé, *op. cit.*
22. *Ibid.*
23. *L'afficheur hurle*, Montréal, Parti Pris, 1965.
24. Marcel Dubé, *Textes et documents 2*, Montréal, Leméac, 1973.
25. Extrait de la chanson *Mon pays*.
26. Extrait de la chanson *L'Alouette en colère*.
27. Au sens donné par Guy Corneau dans *Père manquant, fils manqué*, Montréal, Éd. de l'Homme, 1989.
28. Rapporté dans *La Presse*, 8 septembre 1986.
29. Gaston Miron, « La Batèche », *L'Homme rapaillé*, Montréal, PUM, 1970.
30. *Québec-Français*, octobre 1980.
31. Marcel Dubé, *Textes et documents 1*, Montréal, Leméac, 1968.
32. *Livres et auteurs canadiens*, 1967.
33. *La Presse*, 29 novembre 1973.

BIBLIOGRAPHIE SOMMAIRE

Écrits de Marcel Dubé

Un simple soldat, l'Institut littéraire de Québec, 1958.
Un simple soldat, Montréal, Éditions de l'Homme, 1967 et TYPO, 1993.
Textes et documents 1, Montréal, Leméac, 1968.
Textes et documents 2, Montréal, Leméac, 1973.
La tragédie est un acte de foi, Montréal, Leméac, 1973.
Le Choix de Marcel Dubé dans l'œuvre de Marcel Dubé, Montréal, Les Presses laurentiennes, 1986.

Études consacrées à Marcel Dubé

Laroche, Maximilien. *Marcel Dubé*, Montréal, Fides, 1969.

Mailhot, L. et Godin, J.-C. *Le Théâtre québécois*, Montréal, HMH, 1970.

Études sur la société québécoise

Cardin, J.-F. et Couture, C. *Histoire du Canada. Espace et différences,* Québec, PUL, 1996.

Collectif Clio. *L'Histoire des femmes au Québec depuis quatre siècles,* Montréal, Éditions du Jour, 1992.

Linteau, P.-A. et coll. *Histoire du Québec contemporain,* Montréal, Boréal, 1989.

Martin, Y. et Rioux, M. *La Société canadienne-française,* Montréal, HMH, 1971.

II

PLONGÉE DANS L'ŒUVRE

On vous propose de nouer un contact intime avec la pièce *Un simple soldat* au moyen de la rédaction d'une dissertation critique. Cet exercice permet au ministère de l'Éducation du Québec d'évaluer la maturité intellectuelle de l'élève en vue de l'obtention du Diplôme d'études collégiales (D.E.C.). Il sert à contrôler des connaissances acquises tout au long des trois cours communs de français : toutes les connaissances doivent ici être mobilisées au service d'un raisonnement personnel et convaincant.

Ce qu'est une dissertation critique

C'est une réflexion personnelle, à partir d'un problème soulevé par une question, où l'élève doit organiser sa pensée en suivant un cheminement argumentatif rigoureux.

L'aspect « personnel » recouvert ici par le mot « critique » ne relève pas de l'ordre des opinions subjectives ou des croyances. L'auteur d'une dissertation critique doit plutôt dépasser ce point de vue strictement subjectif pour débattre rationnellement d'un sujet. Il lui est demandé de se situer au niveau d'une argumentation générale où sa raison fait appel à la raison du lecteur (ou du correcteur).

A. LA DISSERTATION CRITIQUE DÉCOMPOSÉE

La première démarche consiste à partir d'un modèle de dissertation critique et à le décomposer afin de mieux comprendre toutes les étapes qui furent nécessaires pour arriver au résultat final.

Il est fortement suggéré de souligner chacune des différentes étapes pendant votre lecture. Puis, une fois votre lecture terminée, nous vous recommandons de relire ce que vous avez souligné et de résumer pour vous-même les étapes de ce cheminement.

1. Le sujet de la dissertation critique

Le personnage du simple soldat, Joseph Latour, doit-il être surtout perçu comme un inadapté ou, plutôt, comme un homme d'une grande pureté ?

Vous soutiendrez votre point de vue à l'aide d'arguments cohérents et convaincants et à l'aide de preuves relatives au contenu et à la forme des textes proposés, preuves puisées dans ces textes et dans vos connaissances littéraires qui conviennent au sujet de rédaction (formulation habituelle lors de l'Épreuve uniforme de français).

JOSEPH : Là non plus, tu dis rien, le père ? C'est parce qu'elle a honte, Bertha, qu'elle va se cacher. Tu l'as vue sa honte monter dans son visage ? L'as-tu vue ?... Je gagerais n'importe quoi avec toi qu'elle le savait pour Marguerite. Qu'elle l'a toujours su... Tu dis rien ? Ça t'est
5 égal ? Je te comprends un peu ! C'était pas ta fille après tout !... Parle ! Parle donc ! Tu le dis pas pourquoi t'es resté debout à m'attendre ? Es-tu comme eux autres, toi aussi ? As-tu peur de voir la vérité en pleine face ?... La vérité, c'est que j'ai pas tenu ma promesse, le père ! La vérité, c'est que j'ai bu la moitié de ma paye et que j'ai flambé le reste
10 dans une barbotte !... Es-tu content ? Es-tu content, là ?... Et puis ça, c'est toi qui l'as voulu, le père ! C'est de ta faute. Rien que de ta faute. T'avais seulement qu'à pas me faire promettre. T'avais seulement qu'à pas me mettre de responsabilités sur les épaules. T'avais rien qu'à me laisser me débrouiller tout seul, y a deux mois, quand je me
15 suis retrouvé à l'hôpital avec ma jambe cassée... Tu devrais pourtant être assez vieux pour savoir qu'on rend pas service à un gars comme moi. Qu'un gars comme moi, c'est pas fiable pour cinq « cennes » !... Tu le savais pas, ça ? Tu le sais pas encore ? Réveille-toi ! Réveille-toi donc ! Je m'appelle pas Armand, moi, j'ai pas d'avenir, j'ai pas de
20 « connection », j'ai pas de protection nulle part ! Je suis un bon-à-rien, un soldat manqué qui a seulement pas eu la chance d'aller crever au front comme un homme... Parle ! C'est ton tour, Christ ! Parle !

ÉDOUARD, *d'une voix basse, pesant bien chaque mot :* **Je réglerai ton cas**
25 **demain matin.**

Il lui tourne le dos et se dirige vers sa chambre où il s'enferme. Joseph, décontenancé d'abord, puis hors de lui, marche désespérément vers la porte fermée.

JOSEPH *frappe à coups de poing dans la porte :* **C'est ça ! C'est ça ! Va coucher**
30 **avec la grosse Bertha. Ça fait vingt ans que tu couches avec elle et que tu l'aimes pas... Tu l'as mariée parce que t'étais pas capable de rester tout seul, parce que t'étais lâche...** *(Il s'effondre à genoux par terre).* **J'en avais pas besoin de Bertha, moi. Toi non plus, le père. On aurait pu continuer notre chemin ensemble, tous les deux, tout**
35 **seuls... Non, le père ! A fallu que tu la prennes avec nous autres, que tu l'amènes dans notre maison... jusque dans le lit de ma mère... C'est ça que je voulais te dire depuis longtemps, c'est ça... Mais fais attention, le père ! Moi, je suis là ! Je suis là pour te le faire regretter toute ta vie ! Tu me comprends ? Toute ta Christ de vie !**

40 *Et il éclate en sanglots comme un enfant puis s'éloigne de la porte de chambre en titubant. Fleurette sort de sa chambre et s'approche avec inquiétude de Joseph. Son visage est bouleversé. Joseph qui l'aperçoit se voile le visage, pousse un long gémissement, fait quelques pas pour s'en éloigner et s'effondre par terre.*

JOSEPH : Moi, je serais peut-être quelqu'un si les Alliés avaient attendu encore un peu avant de gagner la guerre. Je serais allé là-bas, de l'autre côté, et puis je serais peut-être jamais revenu. Un gars qui se bat à la guerre, c'est un gars qui gagne pas sa vie comme tout le

5 **monde, qui fait quelque chose de spécial. Tu peux lui donner un nom, c'est un gars qui a une raison de vivre…**

ÉMILE : Tu te prenais pour le Major Triquet ? Tu voulais recevoir la Croix Victoria ?

JOSEPH : C'était pas les grades, c'était pas pour les décorations, Émile.

10 **ÉMILE : Tu te prenais pour Jeanne d'Arc ! T'aurais délivré la France ?**

JOSEPH, *comme s'il ne l'entendait pas* **: Regarde-moi, Émile, regarde-moi ! J'ai jamais rien fait de bon dans ma vie. J'ai jamais été autre chose qu'un voyou. J'avais une chance devant moi tout à coup, ma première chance, je l'ai manquée. Je suis resté ce que j'étais : un voyou, un bon-**

15 **à-rien.**

ÉMILE : Y a tellement de contradictions dans ta vie, Joseph… En quarante-deux, rappelle-toi, t'étais contre la conscription, tu voulais pas te battre pour le Roi d'Angleterre et puis t'as été pris dans une émeute au marché Saint-Jacques, t'as passé une semaine en prison… Quand

20 **t'entendais parler du monde libre, ça te faisait rire, tu jurais que tu serais déserteur, je t'ai vu provoquer des gars de la gendarmerie royale, et puis tout à coup, personne a su pourquoi, tu t'es enrôlé.**

JOSEPH : J'étais contre la conscription, Émile, parce que le Québec avait voté contre au plébiscite. Puis après, quand je me suis enrôlé, c'est

25 **pas pour le roi d'Angleterre que je serais allé me battre, c'est pour moi-même, pour moi tout seul. Mais depuis que je suis haut comme ça, je sais pas ce qui joue contre moi, je réussis jamais rien.**

ÉMILE : Un gars comme toi, Joseph, un gars qui gagne sa vie comme soldat, un gars qui tue du monde par métier, on appelle ça un

30 **mercenaire.**

JOSEPH : Fais-moi rire avec tes grands mots. Moi, je savais ce que je voulais, c'est tout !… Ah ! Puis je me sacre de tout ça maintenant, je vis au jour le jour et puis je me sacre de tout le monde. Ce soir, je m'amuse, Émile, et puis j'aime autant plus penser à rien.

Un exemple de dissertation critique

N.B. Compte tenu du temps limité dont disposent les élèves pour rédiger leur texte, la longueur de cette dissertation excède de beaucoup les attentes normales du cours 103.

On comprendra que notre but n'est pas de montrer comment rédiger une dissertation de 900 mots, mais bien d'illustrer un processus tout en faisant la preuve des multiples possibilités que peuvent offrir deux courts extraits.

Dans sa dissertation, l'élève pourra se satisfaire de quatre illustrations par paragraphe (deux par extrait).

INTRODUCTION

Il est fréquent qu'une brise d'air frais, sans préavis, se transforme en tempête. Ce qu'on peut également constater à un autre niveau : constamment partagé entre des sentiments positifs et des émotions négatives, l'être humain peut se mettre à fantasmer sur les plus nobles idéaux, qu'il croit pouvoir atteindre, pour être ramené, l'instant d'après, dans la tourmente de pulsions pas toujours avouables. Aspect de la nature humaine que le dramaturge Marcel Dubé a fort bien compris puisque son personnage de Joseph, dans la pièce *Un simple soldat*, créée en 1957, en semble la fidèle incarnation. Mais comme chez l'être humain les traits fondamentaux sont rarement d'égale importance, on peut se demander si la nature première de ce personnage est sa révolte, son inaptitude à composer avec la société ou, au contraire, si la véritable clé permettant l'accès à son authenticité ne serait pas plutôt son indéfectible pureté, à laquelle il se verrait totalement contraint. De fait, à bien lire les textes, il semble que le comportement agressif de Joseph compte pour peu en raison de la richesse de sa quête. Ce qu'il nous sera sans doute permis de confirmer en analysant autant les attitudes qui contribuent à le classer au rang des inadaptés que son inaltérable soif de pureté. Sans compter qu'un regard porté sur la société réelle que décrit cette fiction pourrait bien ajouter d'autres indices qui justifient notre intuition première.

DÉVELOPPEMENT

Le lecteur qui, après une lecture rapide, se contente d'observer des faits plutôt que d'interroger des mobiles ne peut qu'être marqué par l'aspect sauvage et inadapté du personnage de Joseph. D'autant plus que ce dernier le reconnaît lui-même, à travers la piètre image qu'il a de lui. Ainsi, dans le premier extrait, il se définit de manière strictement négative : « **pas tenu ma promesse** » (l. 8), « **pas fiable** » (l. 17). Il utilise toujours des mots péjoratifs pour se décrire : « **un bon-à-rien, un soldat manqué** » (l. 21). Pour parler de sa propre mort, il utilise même un mot réservé pour décrire celle des animaux : « **crever** » (l. 22). Dans le second texte, il va jusqu'à répéter le mot « **voyou** » (l. 13-14), ce qui accentue encore davantage son manque d'indulgence envers lui-même. Quant aux tournures négatives, non seulement elles sont présentes, mais on les trouve même redoublées et répétées : « **jamais rien** » (l. 12, 27). Pis, cette double négation est associée à un mot à connotation positive : « **je réussis (+) jamais (-) rien (-)** » (l. 27) ou encore « **jamais rien [...] de bon** » (l. 12). On imagine difficilement comment un être ayant tellement de difficulté à s'accepter pourrait composer avec les exigences habituelles de la vie en société. Ses gestes risquent fort d'être ceux d'un révolté.

De fait, non seulement Joseph ne se ménage-t-il pas, mais il ne ménage pas davantage les autres. C'est ainsi que, dans le premier texte, cet homme en constante situation de conflit tente de dénigrer Bertha (l. 2-3) ; son sarcasme (« **la grosse Bertha** » [l. 30]) exprime autant la haine que le rejet de sa belle-mère. Sa révolte est tellement forte que nul ne trouve grâce à ses yeux. Elle le pousse même à braver le seul être qui compte vraiment pour lui et pour qui il compte : son père. Avec agressivité et sur le ton du défi (l. 6-7), il s'adresse à lui, ne se refusant ni l'ironie (l. 10) ni les menaces (l. 38-39). Dans le second texte, le rebelle passe aux actes : il aurait déserté s'il avait été conscrit contre son gré (l. 23). Et, d'ailleurs, il est allé jusqu'à « **provoquer des gars de la gendarmerie royale** » (l. 21). Et sa participation à une émeute semble avoir été tellement violente qu'elle lui a valu une semaine en prison (l. 18-19). Autant de gestes qui semblent confirmer que Joseph est un homme implacable, habité par la haine et le cynisme, envers lui-même autant qu'envers les autres ; des gestes qui expliquent que certains l'identifient aux voyous et aux marginaux irrécupérables.

Cependant, Joseph Latour est un personnage plus complexe que l'image qu'il veut donner de lui-même. À preuve, derrière les apparences, c'est un être d'une étonnante pureté que le lecteur découvre s'il tente de comprendre le mobile des paroles, des gestes et des attitudes de Joseph. Et en tout premier lieu, on reconnaît son indéfectible intégrité. Le premier extrait rappelle que « **la vérité** » est ce qui importe plus que tout à ses yeux : le mot est répété trois fois (l. 7, 8 et 9). C'est cette même intégrité qui lui fait dénoncer les « **connection[s]** » (l. 20) de son demi-frère Armand et la « **protection** » (l. 20) dont il a bénéficié, ce qui ne peut que l'amener à vivre dans un univers de compromission. Dans l'autre texte, son refus des grades et des décorations militaires (l. 9) place, ici encore, l'intégrité de Joseph au-dessus de tout soupçon. Car ce simple soldat n'a qu'un désir, qu'une ligne directrice : agir « **pour [lui]-même, pour [lui] tout seul** » (l. 26). Cet acharnement à agir en accord avec ce qu'il y a de plus authentique en lui ne manque pas de grandeur.

Non seulement Joseph fait-il preuve d'une intégrité exemplaire, jamais prise en défaut, mais ce révolté paraît capable d'une grande tendresse. Le premier extrait le montre quêtant désespérément l'amour de son père. Il tente de s'en faire un complice (« **Je te comprends** » [l. 5]) et un allié (« **Es-tu comme eux autres, toi aussi ?** » [l. 7]). Observons surtout l'insistance avec laquelle il décrit la situation qui, selon lui, aurait dû prévaloir : une famille où le fils et le père auraient vécu heureux (« **notre chemin ensemble, tous les deux, tout seuls** » [l. 34]), loin de l'indésirable Bertha. Ce qui est également exprimé par la juxtaposition des pronoms personnels « **moi. Toi** » (l. 33). Même quête dans le second texte, mais cette fois il s'agit d'amitié. « **Regarde-moi** », répète Joseph (l. 11-12), dans un appel à l'attention et à la compassion d'Émile, et, dans les quatre dernières répliques, il répète autant de fois le nom de son ami. Tout ceci ne plaide-t-il pas en faveur de l'authenticité du lien d'intimité dont est capable Joseph ? Un homme intègre capable d'intimité et de tendresse, qui peut donc se défaire de sa personnalité de révolté. Voilà qui atténue l'image négative qu'on pourrait avoir de lui.

Réglons, du reste, une fois pour toutes, l'ambivalence apparente du personnage : serait-il possible que la marginalité qui lui vaut cette image négative soit précisément due à sa pureté ? Une pureté si grande qu'elle ne lui permet pas de composer avec le mensonge que lui opposent les autres ? Comme si sa révolte se faisait simplement la dénonciation d'attitudes fausses et sans scrupules. Ce que le premier extrait fait comprendre : comment la soif de tendresse peut-elle ne pas se transformer en agressivité quand celui qui aime « **voir la vérité en pleine face** » (l. 7) n'aperçoit que « **honte** » (l. 2) sur le visage de Bertha ? Comment pourrait-il utiliser un ton autre que celui du défi quand son père ne lui oppose que le visage de la soumission et de la lâcheté ? Ce père qui s'est remarié simplement parce que « **pas capable de rester tout seul** » (l. 31). Cet extrait rappelle aussi le pressant besoin de Joseph de donner un sens à sa vie : aller combattre à la guerre représente pour lui ce qu'il y a de plus important, plus important même que la mort qu'il risque d'y rencontrer (« **la chance d'aller crever au front** » [l. 21]). Le « **gars** » deviendrait alors un « **homme** » (l. 22). Dans le second extrait, Joseph constate l'échec de sa vie et, devant l'incompréhension de son ami, il utilise deux fois le mot « **chance** » pour rappeler ce qu'aurait pu être sa vie. Et celui qui ne peut habiter sa vie au présent se voit contraint de la vivre au conditionnel ; il recourt en effet, à plusieurs reprises, à ce mode verbal (l. 1, 2, 3 et 25) qui exprime un souhait tout en déplorant les carences du présent. Homme habité par une rare tendresse et rêvant d'un idéal inaccessible, Joseph se voit néanmoins contraint de composer avec un médiocre destin. On comprend dès lors qu'il puisse jouer le dur et le féroce pour mieux se préserver. Ce qui est également confirmé par la tonalité des textes : le lyrisme poignant du premier – mis en contraste par l'économie des moyens du père – et celui tout aussi émouvant du second (en moins de six lignes, il recourt onze fois à la première personne du singulier [l. 16 à 21]) décrivent un homme qui se livre dans sa plus totale et désespérante nudité, sans ménagement aucun.

Nous sommes bien en présence d'un homme d'une grande pureté, contraint de vivre dans un entourage qui est loin de partager sa soif d'authenticité. Ce qui l'amène à faire des gestes excessifs. À cet égard, le personnage de Joseph n'incarne-t-il pas toute la société d'après la Seconde Guerre mondiale ? Une société elle aussi en quête d'idéal, un idéal centré sur la découverte et l'affirmation de nouvelles valeurs individuelles, et qui devait faire violence aux valeurs héritées du passé qui favorisaient bien davantage les mensonges du paraître que l'authenticité de l'être. De même qu'il nous faut regarder au-delà de l'agressivité de Joseph pour trouver sa nature première, de même les écrivains de cette époque se sont attardés à observer *au-delà des visages* (titre d'un roman d'André Giroux paru en 1948) pour trouver les valeurs réelles de la société. Même le texte incontournable de cette période, le *Refus global*, fait écho à la double personnalité de Joseph : il commence par dénoncer un passé de soumission contre lequel il faut se révolter pour ensuite accéder aux valeurs de l'intuition et de la passion. Ces deux mêmes éléments se trouvent jusque dans la langue de Marcel Dubé : le dramaturge s'efforce d'atténuer l'utilisation du joual, langue de l'humiliation et de la révolte ; il se sert plutôt d'une langue populaire reconstituée, porteuse d'idéal et d'accomplissement. On le constate chez le personnage de Joseph, dans la société de l'époque, chez les écrivains et même chez l'auteur de la pièce : on retrouve constamment la présence d'un élément associé au refus et un autre, à l'appel vers quelque chose de positif, et c'est toujours ce second aspect qui est le plus important.

CONCLUSION

On n'en peut plus douter, le comportement de Joseph – sa révolte contre les errements et les mensonges du quotidien – vient rappeler les droits de la vérité et de l'authenticité, les seuls qui comptent pour lui. Quand ses gestes ou ses attitudes semblent s'opposer à ses propres valeurs, on observe que, si violents soient-ils, jamais ils ne trahissent ses convictions les plus profondes, celles-là mêmes qui le condamnent à la détresse. Simplement sentira-t-il l'irrépressible besoin de cacher sa sensibilité meurtrie derrière une attitude froide et même blessante. Tout en étant une réponse aux démissions des autres, sa révolte sert donc de carapace, de moyen de défense pour cacher son sens de l'équité, pour se protéger d'un entourage qu'il perçoit comme menaçant. Ce monde imperméable aux attentes de Joseph n'est-il pas également celui avec lequel chacun de nous est appelé à composer ? Puissions-nous seulement avoir son intégrité pour l'affronter. Avec, peut-être, une plus grande compassion pour ceux qui n'ont pas encore découvert le sens de leur vie. Que ceux qui rêvent de vivre comprennent le cheminement de ceux qui en sont encore à vivre de rêves.

2. L'étude de la question

La compréhension de la question était évidemment un préalable à la rédaction de la dissertation. Un mot pouvait causer problème : *inadapté*. *Le Petit Robert* en donne deux sens : d'abord « qui n'est pas adapté », avec l'exemple « mener une vie inadaptée à ses besoins ». Puis un sens spécialisé : « Enfant inadapté, présentant un déficit intellectuel ou des troubles affectifs qui le rendent incapable de faire face aux conditions normales de la vie. » Il y a une ambiguïté sur le sens du mot dans la question : le sens général est beaucoup trop faible, alors que le sens spécialisé parle d'inaptitude d'ordre pathologique, ce qui n'est pas le cas de Joseph. Il a fallu recourir ici au sens du néologisme québécois « mésadapté » (avec le préfixe négatif més-, qui exprime une négation, un refus : Joseph est surtout quelqu'un qui refuse de composer avec l'ordre ambiant, avec sa famille autant qu'avec la société).

Cette clarification établie, il restait à décomposer la question

a) quant à sa problématique : le double aspect de Joseph, un inadapté et un assoiffé d'absolu ;

b) quant au point de vue critique à prendre : choisir lequel de ces deux aspects prédomine ;

c) quant au corpus et au courant (littéraire et sociohistorique) : la pièce *Un simple soldat* de Marcel Dubé, créée en 1957, donc avant la Révolution tranquille, durant la période de contestation des vieilles valeurs qui a suivi la Seconde Guerre mondiale.

3. L'analyse des extraits et la rédaction des fiches

Il y eut, par la suite, analyse de chacun des extraits en fonction de la problématique, c'est-à-dire des <u>thèmes</u> (fond) soulevés par la question : le caractère inadapté de Joseph et sa soif de pureté. Au fur et à mesure de la découverte, des <u>éléments formels</u> (forme) étaient aussi repérés, lesquels apportaient un supplément d'information.

Ces neuf fiches en sont le résultat.

A. Ce qui permet d'affirmer que Joseph est un inadapté

I. <u>Il a une piètre image de lui</u>

Extrait 1

- se définit de manière négative et usage fréquent de la négation : « **pas tenu ma promesse** » (l. 8) et « **pas fiable** » (l. 17, 19 et 20)
- vocabulaire péjoratif : « **un soldat manqué** » (l. 21), « **crever** » (l. 22)

Extrait 2

- il est négatif : **« J'ai jamais été autre chose »** (l. 12)
- recours à des mots péjoratifs : **« voyou »** (l. 13) et **« bon-à-rien »** (l. 15)
- répétition des jugements négatifs : **« voyou »** (l. 13-14) et **« jamais rien fait »** (l. 12)
- usage de la double négation opposée à un terme positif : **« je réussis jamais rien »** (l. 27), **« jamais rien fait de bon »** (l. 12)

II. <u>Il est habité par des pulsions négatives</u>

Extrait 1

- il boit : **« j'ai bu la moitié de ma paye »** (l. 9)
- il joue : **« j'ai flambé le reste dans une barbotte »** (l. 9)
- **« flambé »** : métaphore, comme si l'argent lui brûlait les doigts
- **« Je gagerais »** (l. 3) : le jeu est si présent que c'est passé dans son vocabulaire usuel
- un être violent : violence verbale (juron, l. 22, 39), violence physique (didascalie, l. 29)
- un homme impulsif : phrases brèves, spontanées, brouillonnes

Extrait 2

- encore le jeu : se battre à la guerre : **« gagne[r] »** sa vie (l. 4 et 28), une **« chance »** (l. 14)
- un impulsif : **« provoquer des gars »** (l. 21), **« je me sacre de tout »** (l. 33)
- violence : sa participation à une émeute

III. <u>Un homme désespéré qui n'a de place ni dans le présent, ni dans le passé, ni dans l'avenir</u>

Extrait 1

- **« j'ai pas d'avenir »** (l. 19)
- il n'a pas eu la chance de mourir à la guerre (l. 21)
- la fatalité joue contre lui : mort de sa mère et arrivée de Bertha (l. 36)
- et usage du verbe de la fatalité : **« A fallu »** (l. 35)
- grande détresse dans le présent : **« s'effondre »** deux fois (l. 32 et 44)

Extrait 2

- la fatalité (l. 26-27) a pris racine dans le passé
- usage du conditionnel : ce que sa vie aurait pu être mais n'est pas
- le présent vécu comme une fuite : **« je me sacre de tout [...] je vis au jour le jour »** (l. 32-33)

IV. Il agit en révolté

Extrait 1
- il insiste pour humilier Bertha, sur sa honte (l. 2-3)
- sarcasme : « **la grosse Bertha** » (l. 30)
- agressivité, menace, défi : envers son père (l. 37, 38 et 39)
- ironie : « **Es-tu content ?** » (l. 10), répétition
- refuse l'autorité de Bertha et tente de provoquer la révolte de son père contre celle qui a « **usurpé** » le rôle de mère
- se donne, avec fierté, la liberté de dire à qui bon lui semble ses quatre vérités

Extrait 2
- un rebelle : il provoque des gens (l. 21), il est prêt à déserter si enrôlé contre son gré (l. 23)
- révolte contre l'autorité anglaise (l. 32). À noter aussi que le « **Roi** » pour Émile (l. 23) devient le « **roi** » pour Joseph (l. 25)

V. Manque de maturité : Joseph porte en lui un enfant qui n'a pas su grandir

Extrait 1
- Joseph fuit les responsabilités et tente de se disculper en rejetant la faute sur les autres :
  « **C'est de ta faute. Rien que de ta faute.** » (l. 11)
  « **T'avais seulement qu'à [...]** », « **T'avais rien qu'à [...]** » (l. 12 à 14)
- il interpelle ainsi son père à huit reprises
- il refuse de se percevoir comme un « **homme** » (l. 22) :
  il est un « **gars** » (l. 16)
- la didascalie révèle un comportement manquant de maturité :
  « **frappe à coups de poing dans la porte** » (l. 29)
  « **à genoux par terre** » (l. 32)
  « **éclate en sanglots comme un enfant** » (l. 40)
  « **se voile le visage** » et « **s'effondre par terre** » (l. 43-44)
- il ne peut « **continuer [son] chemin** » après la mort de sa mère (l. 34)
- il fuit la réalité quotidienne : jeu et alcool comme si, face au cul-de-sac de sa vie, il était un adolescent attardé

Extrait 2
- le mot « **gars** » revient six fois
- conscient de ne pas avoir grandi :
  « **depuis [qu'il est] haut comme ça** » (l. 26)
  « **Je suis resté ce que j'étais** » (l. 14)

B. Ce qui permet d'affirmer que Joseph est un être pur

I. Il est intègre

Extrait 1

- « **la vérité** » : répété trois fois (l. 7, 8 et 9)
- importance du verbe « **savoir** », répété quatre fois (l. 4, 16 et 18)
- Joseph : « **la vérité en pleine face** » (l. 7) et Bertha : « **sa honte mont[er] dans son visage** » (l. 2)
- pas comme Armand : « **connection[s]** » et « **protection** » (l. 20)
- se montre tel qu'il est : « **en sanglots** » (l. 40)
- il reprend à son compte les accusations de Bertha : voyou et ivrogne
- révolte contre le mensonge multiforme : chez Bertha, Armand et son père

Extrait 2

- désintéressé : « **pas les grades [ni] les décorations** » (l. 9)
- son but : donner du sens à sa vie, une vie toute simple (l. 1 et 6)

II. Il porte en lui une impitoyable lucidité

Il est conscient de ce qui se passe en lui et chez les autres.

Extrait 1

- il connaît ses démons intérieurs (l. 9) et ne les minimise pas : alcool (métonymie) et jeu (métaphore)
- aveu : « **pas fiable pour cinq "cennes"** » (l. 17)
- lucidité envers les autres : il connaît les secrets de Bertha : « **elle le savait** » (verbe répété) (l. 3) ; il connaît son père : « **lâche** », « **pas capable de rester tout seul** » (l. 32)

Extrait 2

- il se sait « **bon-à-rien** » et « **voyou** » (l. 14-15)

III. Un tendre qui quête l'attention et l'amour des autres

Extrait 1

- désire s'allier à son père :
  « **Es-tu comme eux autres, toi aussi ?** » (l. 7)
- les deux pronoms juxtaposés : « **moi. Toi** » (l. 33)
- insistance : « **On [...] notre [...] ensemble, tous les deux, tout seuls** » (l. 34)
- il éprouve une grande culpabilité pour avoir déçu son père : traduite par répétitions, interrogations, ordres (l. 8-9, 12-13, 17-19…)

Extrait 2
- « **Regarde-moi** » répété (l. 11)
- répétition du prénom d'Émile : intimité

IV. Joseph est porteur d'un grand idéal

Extrait 1
- son idéal : aller combattre à la guerre
- plus important que sa propre mort : « **chance** » (l. 21)
- « **On aurait pu** » (l. 34) : le conditionnel pour exprimer l'idéal
- « **soldat manqué** » (l. 21) : l'armée changerait tout
- le « **gars** » deviendrait un « **homme** » (l. 22)

Extrait 2
- quête d'une « **raison de vivre** » (l. 6) pour lui seul (l. 26) :
  « **je savais ce que je voulais** » (l. 31)
- si importante qu'il lui sacrifie ses croyances (l. 25, 31), ses convictions
- la « **chance** » qu'elle représente (l. 13)
- usage du conditionnel : mode verbal du désir, du souhait
- quête toute simple : être « **quelqu'un** »,
  « **comme tout le monde** » (l. 1 et 4)
- « **ma première chance** » (l. 13) : il pourrait y en avoir d'autres ?
- idéal si important qu'il n'entend plus Émile (l. 11) : plus rien n'existe
- il dit renoncer à son idéal (l. 32), il se ment à lui-même
  (il devra noyer son mensonge – et sa culpabilité – dans l'alcool)

4. La synthèse et l'inventaire des connaissances littéraires et sociohistoriques

On peut noter que le nombre des arguments portant sur l'aspect négatif de Joseph est plus élevé, mais ces arguments semblent s'imbriquer inextricablement les uns dans les autres. Par contre, les arguments portant sur la pureté du personnage s'avèrent d'une plus grande importance puisqu'ils touchent à l'essence même de l'être.

Quand le doute s'installe sur l'importance plus grande accordée à un thème par rapport à un autre, il faut chercher des arguments neufs, par-delà ces deux pôles.

a) <u>La tonalité</u> a d'abord été étudiée et a permis de conclure que le lecteur est bien davantage porté à partager la quête de Joseph que sa révolte :

Extrait 1

- le remords lui fait perdre tout cynisme : suite de courts segments dans une longue tirade, rythme saccadé et ponctuation expressive
- paroles de Joseph mises en relief par l'économie de moyens du père (l. 24-25)
- conscience que l'inaptitude à vivre de Joseph est celle-là même que lui transmet son père. À preuve, ce dernier est lui aussi défini à partir de négations : « **tu l'aimes pas** », « **t'étais pas capable** » (l. 31) et de termes péjoratifs : « **lâche** » (l. 32)

Extrait 2

- même lyrisme poignant :
  omniprésence de la première personne (des lignes 15 à 29 : 11 fois), exclamations, interrogations, répétitions

On comprend surtout que Joseph est un être si exigeant qu'il entre en conflit avec ceux qui n'ont pas son idéal, ses élans de pureté se fracassant sur les mensonges du réel. Son caractère inadapté pourrait ainsi s'expliquer par son exceptionnelle pureté. Comme si sa pureté, son intégrité entrait en conflit avec l'incompréhension et les mensonges des autres. Comme si sa violence pouvait être constituée de pulsions qui voudraient le libérer de son mal-être. Comme si sa révolte voulait susciter celle de son père contre la femme qui a usurpé la place de sa mère. Enfin, conscient d'avoir raté sa vie, Joseph pourrait-il faire en sorte, dans une mentalité de tout ou rien, de se conformer à l'image négative que les autres ont de lui ?

  b) Après l'étude des éléments textuels, il restait à en trouver d'autres, inscrits dans le contexte où cette pièce a été écrite.

Il s'agissait donc de passer en douceur de l'analyse textuelle à l'observation contextuelle (dans l'histoire, la société, le courant ou la tendance littéraire dans lesquels s'inscrivent les extraits, dans les œuvres d'autres écrivains), dans l'unique but de trouver un argument supplémentaire en faveur de l'un ou l'autre des aspects de la problématique, pour confirmer la position critique à prendre.

5. Le choix du point de vue critique

Le choix du point de vue critique s'imposait de lui-même : la pureté de Joseph est un thème beaucoup plus important que son inaptitude à composer avec les autres.

6. L'élaboration du plan détaillé du développement

Un plan du développement a ensuite été élaboré avec la prise de position critique comme fil conducteur.

Il comprend trois idées principales, chacune développée en deux idées secondaires, <u>chaque idée secondaire formant un paragraphe</u>.

1re idée principale : le personnage semble indéniablement un inadapté

a) Idée secondaire : <u>il a une image très négative de lui</u>

ILLUSTRÉE :   (premier extrait) utilisation de tournures négatives
➤ **« pas tenu ma promesse », « pas fiable »**
et de mots à connotation péjorative
➤ **« bon-à-rien », « manqué »**
(second extrait) recours à la double tournure négative qui, de plus, est mise en contraste avec un mot positif
➤ **« réussis jamais rien »**

EXPLIQUÉE :   ce qui confirme la piètre image qu'il a de lui et sa difficulté à s'accepter

b) Idée secondaire : <u>ce refus de lui l'amène aussi à refuser les autres</u>

ILLUSTRÉE :   (premier extrait) il utilise le sarcasme envers sa belle-mère
➤ **« la grosse Bertha »**
et défie son père par l'utilisation de l'ironie et des menaces
➤ **« Je suis là pour te le faire regretter toute ta vie »**
(second extrait) après la violence verbale, c'est la violence physique : il se fait provocateur et participe à une émeute

EXPLIQUÉE :   nul ne trouve grâce à ses yeux ;
Joseph semble en conflit avec tous ceux qu'il rencontre

Puisque c'est la fin de la présentation de la première idée principale, une phrase vient résumer les deux idées secondaires et rappeler leur lien avec l'idée principale.

2e idée principale : mais il faut surtout voir en lui un être d'une étonnante pureté

a) Idée secondaire : <u>c'est un homme d'une indéfectible intégrité</u>

ILLUSTRÉE : (premier extrait) la vérité lui importe plus que tout
➤ **« la vérité »** répété trois fois
il dénonce le manque d'intégrité d'Armand
(il lui reproche la **« connection »** et la **« protection »**)
(second extrait) il n'est pas intéressé par les honneurs
refus des grades dans l'armée
présence d'un seul fil conducteur dans sa vie :
son accomplissement personnel
➤ **« pour moi-même, pour moi tout seul »**

EXPLIQUÉE : intégrité jamais prise en défaut ;
fidélité à ce qu'il y a de plus authentique en lui

b) Idée secondaire : <u>il est aussi capable d'une grande tendresse</u>

ILLUSTRÉE : (premier extrait) il quête l'amour de son père
➤ **« Je te comprends », « Es-tu comme eux autres, toi aussi ? »**
il rêve d'une vie idyllique avec son père
➤ (voir l'accumulation dans les lignes 33-34 et **« moi. Toi »**)
(second extrait) son amitié pour Émile,
les impératifs et la répétition du prénom traduisent un climat d'intimité

EXPLIQUÉE : les sentiments éprouvés pour son père et son amitié pour Émile prouvent qu'il peut faire preuve de tendresse

Comme c'est la fin de la deuxième idée principale, une phrase vient résumer les deux idées secondaires et les rattacher à l'idée principale.

3e idée principale : il y a d'autres arguments qui plaident en faveur de la pureté de Joseph, situés au-delà de l'apparente opposition entre la première et la deuxième idée principales

a) Idée secondaire : <u>c'est précisément sa pureté et son idéal qui l'amènent à se révolter contre le mensonge</u>

ILLUSTRÉE : (premier extrait) les mensonges des autres :

> la « **honte** » de Bertha et la soumission du père
> « **pas capable de rester tout seul** »
la guerre : un idéal, plus important que la mort
> « **chance d'aller crever** »
> le « **gars** » devient un « **homme** »
(second extrait) utilisation du conditionnel :
ce qui aurait dû être
encore le mot « **chance** »
autre confirmation : la tonalité des textes

EXPLIQUÉE : quand il est confronté au mensonge,
son intégrité porteuse d'idéal ressort toujours

b) Idée secondaire : le combat de Joseph, c'est l'image de toute une
société qui a dû se révolter contre le mensonge
pour mieux accéder à son authenticité

ILLUSTRÉE : fin de l'idéalisation des vieilles valeurs collectives
du passé pour accéder à la quête individuelle au
présent ; les écrivains vont au-delà du paraître
> « **au-delà des visages** »
afin de décrire la réalité de leurs personnages ; le
Refus global appelle une révolte contre les mensonges
dans le but d'arriver à assumer ses passions ; même
Marcel Dubé atténue la langue de la révolte (le joual)
pour en utiliser une davantage porteuse d'idéal

EXPLIQUÉE : ce qui vient confirmer la justesse de notre point
de vue critique : la révolte de Joseph est secondaire
par rapport à sa soif de vérité et de pureté

7. La rédaction de la dissertation critique

7.1 *L'introduction*

Un plan de l'introduction a d'abord été élaboré, comprenant les trois
étapes habituelles de l'introduction d'une dissertation critique.

◆ Sujet amené

La première partie est elle-même divisée en trois étapes :

1) une phrase liminaire présente un champ d'application de la
problématique : il s'agit ici d'un aspect d'application pratique
de la psychologie ;

2) le corpus sur lequel porte l'étude est ensuite annoncé :
Un simple soldat, pièce de Marcel Dubé créée en 1957 ;

3) la problématique annoncée par la question est ici reformulée (la question n'est pas reprise textuellement) : le personnage de Joseph doit-il être surtout perçu comme un inadapté ou comme un assoiffé d'absolu ?

◆ Sujet posé

L'auteur de la dissertation annonce ici sa prise de position personnelle : Joseph est surtout un assoiffé d'absolu. C'est le point de vue critique et l'idée directrice de toute la dissertation.

◆ Sujet divisé

Cette dernière partie de l'introduction annonce le cheminement qui sera suivi dans le développement : Joseph sera d'abord présenté comme un inadapté, puis on insistera sur ses aspects positifs annoncés comme les plus importants. Une dernière étape consistera à trouver ailleurs que dans le texte une confirmation du point de vue critique adopté. Ce sont les trois idées principales utilisées pour prouver le point de vue annoncé par l'idée directrice.

> Retrouvez ces diverses composantes dans l'introduction de la page 56 et encerclez les mots ou les groupes de mots qui servent de liaison.

7.2 *Le développement*

Le temps était venu de rédiger le développement.

> En vous référant au plan du développement élaboré à la section 6, retrouvez-en les composantes (idée, illustrations et explications) dans un des paragraphes des pages 56, 57, 58 et 59.

7.3 *La conclusion*

Il restait à écrire la conclusion, divisée en ses deux composantes.

    a) La confirmation de l'hypothèse (ou du point de vue critique) annoncée dans l'introduction : dans la quête de pureté de Joseph se trouve le sens de sa vie, et l'aspect « inadapté » de son caractère doit être perçu comme une réponse aux démissions des autres en même temps qu'un moyen de défense pour se protéger de son entourage.

    b) Sujet élargi : partir de la phrase liminaire et l'actualiser.

> Retrouvez ces deux composantes dans la conclusion de la page 59 et encerclez les mots ou les groupes de mots qui servent de liaison.

B. LA DISSERTATION CRITIQUE À COMPOSER

La démarche consiste maintenant à suivre le cheminement inverse : il s'agit de composer votre propre dissertation. Si des interrogations ou des doutes surgissent, revenez à l'étape précédente pour trouver un exemple d'application pratique de ce qu'il vous est demandé de faire.

1. Le sujet de la dissertation critique

Après l'analyse des extraits suivants, quel thème de la pièce *Un simple soldat* de Marcel Dubé, créée en 1957, vous semble le plus important : celui de la famille désunie ou celui de la détresse intérieure ?

Vous soutiendrez votre point de vue à l'aide d'arguments cohérents et convaincants et à l'aide de preuves relatives au contenu et à la forme des textes proposés, preuves puisées dans les extraits et dans vos connaissances littéraires qui conviennent au sujet de rédaction (formulation habituelle du ministère pour l'épreuve finale).

Extrait 1 tiré de Marcel Dubé, *Un simple soldat,*
Montréal, Éditions TYPO, 1993, p. 124-126

JOSEPH, *enfin debout* : **B'soir p'pa... B'soir p'pa.**

Son père le regarde et ne répond pas.

JOSEPH : Tu pourrais me dire bonsoir le père ! C'est vrai ! Je suis poli, moi ! Tu pourrais être poli, toi aussi !... Penses-tu que je suis surpris de
5 **te voir ? Je suis pas surpris une miette !... Je savais que tu serais debout, je savais que tu m'attendais... Je l'ai dit à Émile, tu peux lui demander ; j'ai dit : Émile je te gage cent piastres que le père va m'attendre.**

Éveillé par les voix, Armand paraît dans sa porte de chambre. Il fait de la
10 *lumière.*

JOSEPH : Armand aussi, je le savais ! Je savais que vous seriez pas capables de vous endormir avant que j'arrive. Je me suis pas trompé, je me suis pas trompé, le père. On aurait dit que c'était tout arrangé d'avance. Ouais ! Parce que vous deviez avoir hâte de savoir si j'allais
15 **apporter mes quarante piastres... Parlez ! parlez, maudit !... Dites quelque chose ! Restez pas là, la bouche ouverte comme des poissons morts. Vous m'attendiez ou bien vous m'attendiez pas ?**

BERTHA, *qui paraît à son tour dans sa porte de chambre* **: Qu'est-ce que t'as à crier comme ça, toi ? As-tu perdu la boule ? Veux-tu réveiller toute la rue ?**

JOSEPH : Toi, je t'ai pas adressé la parole, Bertha. Rentre dans ta chambre et dis pas un mot. Là, je suis en conférence avec le père et Armand.

ARMAND : On parlera de tes affaires demain, Joseph. Il est trop tard pour discuter de ça, ce soir.

JOSEPH : Trouves-tu qu'il est trop tard, le père ? T'étais là, debout comme un brave, quand je suis rentré ! Trouves-tu qu'il est trop tard ?

BERTHA : Armand a raison, va te coucher, espèce d'ivrogne.

JOSEPH : Certain qu'Armand a raison. Il a toujours eu raison le p'tit gars à sa mère ! *(Il fonce en direction de Bertha.)* **Certain que je suis rien qu'un ivrogne ! Mais j'ai pas d'ordres à recevoir de toi, la grosse Bertha. T'es pas ma mère ! Tu seras jamais une mère pour moi.**

BERTHA : Je voudrais pas avoir traîné un voyou comme toi dans mon ventre !

JOSEPH : J'aime autant être un voyou, Bertha, et pouvoir me dire que ta fille Marguerite est pas ma vraie sœur.

BERTHA : Touche pas à Marguerite !

JOSEPH : Si c'était une bonne fille comme Fleurette, j'y toucherais pas, mais c'est pas une bonne fille... Je sais ce qu'elle est devenue Marguerite, tout le monde de la paroisse le sait, et si tu le sais pas toi, je peux te l'apprendre.

ARMAND : Marguerite est secrétaire dans une grosse compagnie, laisse-la tranquille.

JOSEPH : Si Marguerite est secrétaire, moi je suis premier ministre ! La vérité va sortir de la bouche d'un ivrogne, de la bouche d'un voyou, Bertha. En quatre ans, ta fille Marguerite a fait du chemin, Bertha. Ça lui a pris quatre ans mais elle a réussi. Elle a jamais été secrétaire de sa maudite vie par exemple ! Mais fille de vestiaire, ah ! oui ! Racoleuse dans un club ensuite, ah ! oui ! certain ! et puis maintenant, elle gagne sa vie comme putain dans un bordel.

71

JOSEPH, *qui s'immobilise dans le milieu de la place et dépose son sac par terre* : **Qu'est-ce que vous avez à me regarder comme ça ?**

FLEURETTE, *qui dépose la tasse de café sur un coin de la table* : **On n'a rien, Joseph. D'habitude, tu t'habilles autrement pour aller travailler.**

5 JOSEPH : Ah ! C'est parce que j'ai pas mon déguisement de vendeur de « bazous » ? Je gage que vous avez pas encore compris ! (*Il prend la tasse de café que Fleurette a déposée sur la table. Il en boit une gorgée. À Bertha.*) Vas-y, la grosse, dis ce que tu penses. D'habitude, t'es bonne dans les devinettes.

10 ARMAND : Parle pas comme ça à m'man, toi !

JOSEPH : C'est pas ma mère !

FLEURETTE : C'est la mienne, Joseph.

JOSEPH : Ça paraît pas… Toi, le père, tu dis rien ? T'as pas une p'tite idée ?

Édouard le regarde et ne répond pas.

15 FLEURETTE : T'as fait une folie, Joseph ?

JOSEPH : Non, pas une folie. Une bonne affaire.

FLEURETTE : Tu travailles plus, Joseph ?

JOSEPH : C'est ça, la p'tite ! Toi, au moins, t'as pas peur de la vérité… J'ai laissé mon emploi parce que j'en avais plein le casque. Parce que je
20 voulais faire fâcher Bertha puis Armand… Regarde-les changer de visage. Sont plus capables de dire un mot.

Et il éclate de rire. Armand, excédé, sort de la maison tandis que Bertha, incapable de parler, hors d'elle-même, s'enferme dans sa chambre. Joseph regarde son père en souriant.

25 JOSEPH : Je vais t'expliquer une chose, le père, tu vas me comprendre…

ÉDOUARD, *d'une voix basse et contenue* **: T'as rien à m'expliquer. Et puis ce que j'avais à comprendre, je l'ai compris depuis longtemps.**

Édouard lui tourne le dos et sort à son tour devant le sourire figé de Joseph.

30 JOSEPH : C'est ce qu'on appelle : vider une maison ! Tu t'en vas pas toi aussi ?

FLEURETTE : Pourquoi que t'as fait ça, Joseph ?

JOSEPH : J'étais écœuré, c'est tout ! Vendre des « bazous », c'est pas une vie !

35 FLEURETTE : C'était pas nécessaire d'être méchant ! Penses-tu te trouver une autre place ?

JOSEPH : Peut-être… quelque part… Il doit y en avoir une qui serait pour moi. (*Il se lève.*) **Tu penseras à moi de temps en temps, je pars avec Émile.**

40 FLEURETTE : De Montréal ?

JOSEPH : Ouais.

Il ramasse son sac de bagage et s'éloigne vers la porte de sortie.

FLEURETTE : Aujourd'hui ?

JOSEPH : Ouais. On a décidé ça, hier soir.

45 FLEURETTE : Dis-moi « bonjour » avant de t'en aller !

JOSEPH *la regarde de la porte* **: Bonjour, la p'tite… Tu diras au père qu'y aura plus à m'endurer… Les autres, laisse-les faire, dis-leur pas un maudit mot ! Y en valent pas la peine.**

2. L'étude de la question

Il est important d'analyser minutieusement la question afin de bien la comprendre et de la situer dans un contexte polémique, d'opposition qui favorise le point de vue critique (la prise de position personnelle).

Ici, la formulation de la question ne pose pas de problèmes particuliers. Le sens de chaque mot est facilement compréhensible ; le recours – habituellement fort utile – au dictionnaire n'est donc pas nécessaire. En pareil cas, rappelez-vous qu'un mot peut avoir plusieurs sens, mais qu'un seul convient quand il s'agit de comprendre une question.

Cette première approche permet de comprendre

a) <u>Le point de vue critique (ou la prise de position) demandé</u> :
   « Quel thème vous semble… » : il faudra choisir entre l'un ou l'autre thème.

b) <u>La problématique</u> (ou la confrontation de deux éléments) :
   Quel est le thème le plus important : celui de la famille désunie ou celui de la détresse intérieure ?

c) <u>L'objet de l'analyse</u> :
   Deux extraits de la pièce *Un simple soldat* de Marcel Dubé, créée en 1957.

   Dans une dissertation critique, quand la consigne propose deux textes à analyser, ceux-ci doivent subir un traitement à peu près égal.

d) <u>Les connaissances sociohistoriques et littéraires</u> :
   L'époque avant 1960 : les écrivains décrivent avec réalisme des citadins aux prises avec leur milieu de vie.

   1948 : le *Refus global*.

   (Dressez une première liste d'écrivains de cette période que vous connaissez de même qu'une liste des caractéristiques de ce courant [tendance ?] littéraire.)

3. L'analyse des extraits et la rédaction des fiches

Relisez attentivement les textes en fonction de la question, puis procédez à l'analyse de chacun des textes.

a) Le fond

Notez les premiers sous-thèmes – les plus apparents – révélés par votre lecture.

Relisez encore en élaborant des fiches (des feuilles blanches peuvent être utilisées) ; chaque fiche ne retient qu'un aspect de la problématique, qu'un sous-thème.

Pour chaque aspect, relevez attentivement les citations qui l'illustrent (notez la ligne de référence).

Pour chaque citation, tentez d'expliciter le lien entre le sous-thème et la citation.

b) La forme

Vous vous servez de ce que vous venez de découvrir concernant le fond et vous cherchez en quoi la forme vient ajouter un supplément d'information.

Observez quels éléments de la forme mettent en valeur l'idée contenue dans chaque fiche et permettent de mieux la comprendre.

Ne vous contentez pas d'une lecture superficielle ; mettez en pratique les habiletés acquises dans les cours précédents : champs lexicaux, tonalité, figures de style, procédés syntaxiques et ponctuation, musicalité…

Exemples de fiches

Thème de la famille

Pour le thème de la famille, vous pourriez avoir ces trois fiches :

I. Une famille divisée en clans ennemis

Extrait 1
- clan de Bertha, Armand et Marguerite :
  similarité dans les didascalies (l. 10 et 18)
  « **Armand a raison** », dit Bertha (l. 27)
  « **le p'tit gars à sa mère** » (l. 28), « **une bonne fille** » (l. 37), dit Joseph
  la mère et le fils défendent Marguerite (l. 36 et 41)
- des clans en guerre :
  « **il fonce** » (didascalie, l. 29), constante confrontation

Extrait 2
- clan de Joseph, Édouard et Fleurette :
  Joseph et Fleurette : affection : « **la p'tite** » (l. 18 et 46)
  Joseph et Édouard : « **tu vas me comprendre** » (l. 25)
  dernière pensée pour son père (l. 46)

- des clans ennemis : ironie (l. 13)
  « faire fâcher Bertha puis Armand » (l. 20)
  « les autres » (l. 47)
- rejet, exclusion : **« les autres »** (l. 47)
- noms tendres pour désigner ceux de son clan : **« la p'tite »**, **« le père »** et, pour les autres, leur prénom proféré comme une accusation

II. <u>Une famille cimentée par la haine</u>

Extrait 1

- Joseph discrédite ce que dit Bertha (l. 25), se fait sarcastique (l. 43), lui donne des ordres : **« Rentre dans ta chambre et dis pas un mot »** (l. 21), la minimise pompeusement : **« je suis en conférence »** (1.22)
- le dialogue est aussi impossible par la faute de Bertha, agressive et haineuse :
  « As-tu perdu la boule ? » (l. 19)
  « espèce d'ivrogne » (l. 27)
- rejet total : **« Je voudrais pas avoir <u>traîné</u> un <u>voyou</u> comme toi dans mon ventre »** (l. 32)
- l'allitération de la phrase précédente : v v v ajoute à la violence verbale
- refus des rôles familiaux : **« pas ma [...] »** (l. 31 et 35), mais **« ta fille »** (l. 34-35)
- autre allitération : **« ma mère [...] jamais [...] mère [...] moi »** (l. 31) pour refuser à Bertha le rôle de mère qu'elle voudrait jouer à son égard
- fréquente utilisation du *r* pour exprimer la révolte

Extrait 2

- la négation pour exprimer le refus des rôles familiaux :
  « pas ma mère » (l. 11)
- la haine : **« Regarde-les changer de visage. »** (l. 20)
- le mépris : **« Y en valent pas la peine. »** (l. 48)
- le sarcasme (l. 13 et 25)
- le dédain : **« il éclate de rire »** (l. 22)

III. <u>Une famille divisée en tenants du mensonge et en défenseurs de la vérité</u>

Extrait 1

- Bertha et Armand arrangent la vérité selon leur convenance ; en contraste, insistance et répétition du verbe **« savoir »**

- Marguerite a renoncé à tout idéal et choisi une vie mensongère
- Armand refuse d'affronter la situation (l. 23-24) autant que la vérité
- Bertha se préoccupe du jugement des autres :
  « **Veux-tu réveiller toute la rue ?** » (l. 19)
- par opposition, Joseph est l'homme de « **la vérité** » (l. 43-44)

Extrait 2
- Fleurette est du côté de « **la vérité** » (l. 18)
- Bertha est « **incapable de parler** » devant la vérité (l. 23)
- de même qu'Armand : « **Sont plus capables de dire un mot.** » (l. 21)
- le dialogue est impossible : « **vider une maison** » (l. 30) ; chacun cherche à fuir, à s'échapper du « living-room »
- le père refuse son rôle : réfugié dans le silence (l. 14)

Thème de la détresse intérieure

> Pourriez-vous élaborer vous-même quatre fiches relatives au thème de la détresse intérieure ? **Q**

4. La synthèse et l'inventaire des connaissances littéraires et sociohistoriques

Compte tenu de votre connaissance de la problématique soulevée par la question, faites l'inventaire de vos connaissances sociohistoriques et littéraires pertinentes avec le sujet.

Relevez et regroupez les notions utiles à votre argumentation contenues dans la première partie du présent ouvrage.

Utilisez uniquement les connaissances qui éclairent le sujet. Rappelez-vous que, pour l'épreuve finale du Ministère, cette partie compte pour 10 %. Aussi, efforcez-vous d'acquérir en vue de la dissertation finale autant que pour votre satisfaction personnelle, votre plaisir et votre culture la connaissance des différents courants ou tendances littéraires et sociohistoriques, de même qu'une connaissance, au moins élémentaire, des procédés stylistiques et littéraires.

5. Le choix du point de vue critique

Dans toute dissertation critique, on doit

a) prendre position par rapport à un sujet,
b) démontrer cette position dans une argumentation logique, dynamique et persuasive.

Le point de vue critique ne peut se présenter intuitivement ou magiquement. Si tel devait être le cas, il ne pourrait s'agir que d'une opinion personnelle, basée sur des *a priori*, des croyances ou des préjugés. Au contraire, ce point de vue raisonné doit découler de l'analyse des textes et de la confrontation des deux thèmes soulevés par la question. Il s'agit simplement d'évaluer l'angle critique qui s'impose, après avoir soupesé la quantité des arguments de part et d'autre, mais surtout leur qualité, leur importance.

Le point de vue critique qui est adopté devient l'idée directrice, le fil conducteur de toute la dissertation. Tout le reste doit tendre à prouver sa justesse, sa véracité.

Ici, le thème de la détresse intérieure l'emporte nettement sur celui de la famille désunie, d'autant plus que le premier pourrait être une cause du malaise qui existe au sein de la famille. Il aura été nécessaire de revoir et de reconsidérer les fiches sur chacun des thèmes pour arriver à cette prise de position.

6. L'élaboration du plan détaillé du développement

Le développement dégage et analyse les enjeux du sujet. Son argumentation ne doit pas manquer de dynamisme.

Plus vous consacrez de temps à l'élaboration du plan, plus vous êtes assuré de la qualité de votre argumentation, et plus le temps de la rédaction de votre dissertation sera bref. Il est d'autant plus important d'investir dans la qualité du plan qu'à l'épreuve finale (durée : 4 heures 30 minutes) vous n'aurez probablement pas le temps de rédiger un brouillon. Aussi, faites un plan le plus détaillé possible, qui inclut toutes les composantes de chaque paragraphe. Si le plan note les grandes transitions entre les idées principales (en soulignant les oppositions et les rebondissements), il inclut également les transitions entre les paragraphes. Vous pourriez consacrer la moitié du temps alloué à la rédaction du plan, le reste, à la rédaction de la dissertation. Assurez-vous, cependant, de garder dix ou quinze minutes pour la relecture finale.

6.1 *Le choix des idées principales*

L'argumentation exige d'élaborer votre travail à partir de l'idée la moins importante pour aller vers la plus importante, celle de votre prise de position critique. Ainsi, la première idée principale laisse de la place à la thèse adverse. Vous soulignez alors la pertinence des arguments favorables à cette dernière. Cette première partie couvre environ le tiers de votre développement.

Puis, en prenant soin de ne pas vous contredire, vous triomphez de cette thèse en affirmant votre prise de position critique : <u>c'est la deuxième idée principale</u> du développement.

Enfin, dans <u>un troisième temps</u>, vous montrez comment les deux premières idées ne peuvent seules répondre à la question. Par la rigueur de votre raisonnement, vous dépassez ce qui aurait pu sembler une simple opposition. Il s'agit ici de prouver <u>la qualité de votre esprit critique</u> : ou en montrant la dépendance de la première idée principale à l'égard de la seconde, ou en adoptant une perspective plus vaste, ou encore en soulevant un problème capital – lié intimement à la problématique – que les deux positions précédentes avaient négligé.

Vous est-il possible de trouver des arguments ailleurs que dans la confrontation des thèmes de la famille désunie et de la détresse intérieure ? Sur le plan de la tonalité ou de la structure des textes ? Un thème pourrait-il s'inscrire dans la dépendance de l'autre ?

Cette troisième partie doit aussi montrer la qualité de vos connaissances littéraires. Il ne s'agit pas de citer un ou deux auteurs au hasard, mais de trouver des indices dans le courant sociohistorique ou dans le courant ou la tendance littéraire qui confirment la justesse de votre prise de position critique. Votre prise de position est alors tellement pertinente qu'elle est confirmée par d'autres textes que ceux à analyser.

Soyez personnel dans l'élaboration de votre plan. Évitez de recourir systématiquement à une logique philosophique (thèse-antithèse-synthèse) qui ne correspond pas toujours au sujet : une synthèse qui serait la simple réconciliation entre la thèse et l'antithèse (avec le danger ici de se contredire) n'est pas toujours possible. Aussi, ne craignez pas d'emprunter d'autres avenues.

Chaque plan est unique, tout comme vous êtes un être unique. Sachez que, dans une pile de dissertations, les très mauvaises copies ont le plus souvent adopté un plan rigide et à peu près commun : celui suggéré en classe, que l'élève a plus ou moins bien assimilé. Au contraire, dans les meilleures copies, les élèves n'ont pas craint de faire preuve d'une originalité qui témoigne de leur personnalité propre.

N.B. Si vous n'arrivez pas à dégager une synthèse de manière satisfaisante, continuez alors de développer <u>la deuxième idée principale</u> : vous serez moins pénalisé que si vous donnez l'impression de piétiner, voire d'être égaré.

6.2 *Le choix des idées secondaires*

Généralement, chaque idée principale est divisée en parties : ce sont les idées secondaires qui, chacune, forment les paragraphes. Idéalement, pour une dissertation de 900 mots, le plan devrait contenir deux idées secondaires pour chaque idée principale.

Faites valoir la <u>logique</u> des idées secondaires :

a) chacune prouve la justesse de l'idée principale ;

b) chacune s'enchaîne à l'autre, celle qui précède ou celle qui suit, dans une progression continue, allant de l'argument le moins fort au plus persuasif.

N.B. Rappelez-vous qu'une idée n'est pas un exemple ou un fait. Un fait est une évidence, et une évidence n'a pas à être prouvée ; elle ne peut donc pas servir d'argumentation.

Le paragraphe

La dynamique de l'argumentation repose sur les paragraphes. Chaque paragraphe dégage un argument qui enrichit l'idée principale et permet à l'argumentation ou à la problématique de progresser.

Le paragraphe commence par l'énonciation de l'idée (ou phrase clé) qui y sera développée. Puis, comme une argumentation ne saurait se satisfaire d'idées abstraites, mais doit obligatoirement s'appuyer sur des textes, vous devrez choisir deux preuves ou illustrations qui démontrent la justesse de votre idée. Évitez de multiplier inutilement les exemples de même ordre : choisissez-en deux de domaine différent et expliquez ensuite le lien entre ces exemples et l'idée du début.

6.3 *Les transitions*

Les transitions contribuent à la rigueur de votre argumentation autant qu'à la dynamique du texte. Elles soulignent la progression des idées en enchaînant les arguments les uns aux autres. Elles indiquent les passages entre les parties de votre dissertation : entre l'introduction, le développement et la conclusion ; entre chacune des idées principales ; entre chaque idée secondaire.

Les transitions peuvent être :

a) des phrases complètes qui établissent des liens entre les différents paragraphes ;

b) des charnières ou marqueurs de relation entre les propositions, les phrases, les idées secondaires et les idées principales.

7. La rédaction de la dissertation critique

Votre texte doit conserver un niveau de langue soutenu, où les caractéristiques propres à la langue orale sont totalement absentes. Le discours, le plus objectif et le plus logique possible, doit constamment demeurer neutre, aussi évitera-t-on les jugements esthétiques (« ce chef-d'œuvre », « cet écrivain génial »…) de même que les jugements moraux (« ce personnage répugnant »). La première personne du singulier (je) et la deuxième du pluriel (vous) sont à proscrire. Quant au « nous », il doit être une première personne du pluriel généralisante et non un « je » pompeusement déguisé. Dans le doute, on recourra à une formulation impersonnelle.

Le ton de votre dissertation doit être dynamique. Évitez de faire une terne énonciation de vos arguments en les alignant comme les tiroirs d'une commode ; faites plutôt preuve de vitalité. Comme s'il s'agissait d'un train : l'introduction-locomotive donne, avec vigueur, une première impulsion ; les trois idées principales, bien accrochées les unes aux autres comme des wagons, fournissent, chacune, une énergie supérieure à celle nécessaire à l'étape précédente ; la conclusion remplace le fourgon de queue par une autre locomotive, plus puissante que celle devant les wagons : il s'agit d'aller chercher l'adhésion du lecteur.

7.1 *L'introduction*

Rappelez-vous que l'introduction est la toute première empreinte laissée sur le lecteur ou le correcteur : si elle n'est pas la plus importante, elle pourra difficilement être atténuée ou effacée. Elle se doit de capter l'attention, d'éveiller la curiosité et de disposer favorablement le lecteur à poursuivre sa lecture.

L'introduction peut être rédigée directement au propre, mais à deux conditions : le plan détaillé du développement a été complété et l'on a schématisé le contenu des composantes de chacune des trois parties de l'introduction.

Sa longueur : entre 10 % et 15 % de la longueur totale de la dissertation, soit entre 90 et 110 mots pour une rédaction de 900 mots.

a) *Amener le sujet*

I. Une phrase liminaire présente la problématique ou le sujet dans son extension maximale ; elle indique un point de vue plus large ou un champ d'application possible. En évitant de partir de trop loin (« Depuis que l'homme existe… »), cette phrase prend une position de surplomb, à la manière d'une caméra qui filmerait un objet dans son ensemble avant de zoomer sur un détail.

II. Une seconde phrase précise le corpus sur lequel porte votre réflexion (auteur et titre).

III. Il s'agit enfin de réduire le point de vue de la phrase liminaire à la taille du sujet : vous annoncez maintenant la problématique de la dissertation en la reformulant clairement et fidèlement, en vos propres mots.

Des transitions rapides et naturelles assurent la liaison entre ces trois éléments.

b) Poser le sujet

La solution idéale, tant pour la présente dissertation que pour l'épreuve ministérielle, consiste à annoncer votre point de vue critique, votre prise de position. C'est l'idée directrice que tout le développement s'efforcera d'imposer.

c) Diviser le sujet

Vous annoncez votre stratégie : le plan que vous allez suivre (on ne retient ici que les idées principales) pour structurer votre argumentation. Ce plan doit découler tout naturellement du sujet posé.

N.B. *L'introduction doit introduire et non conclure, ouvrir des questions et non apporter des réponses définitives. Aussi, n'hésitez pas à utiliser le doute, des modalités interrogatives, le conditionnel (« Il semble que… », « Peut-être… », « On peut se demander si… »), etc.*

7.2 Le développement

C'est la mise en phrases complètes du plan déjà élaboré.

7.3 La conclusion

Plus aucun doute ne peut subsister : votre point de vue critique était le bon.

La conclusion se divise en deux parties :

a) Clore ce qui précède

Vous reprenez l'ensemble de l'argumentation (et soulignez le lien logique entre les idées principales) en la contractant ; vous mesurez le sens global de la démarche et en tirez des leçons. Il ne s'agit pas de se contenter de répéter une phrase de l'introduction (qui ne faisait qu'annoncer des modalités) ni d'aligner les idées principales du développement, mais de trouver plutôt une formulation dynamique et originale qui amènera l'adhésion du lecteur, s'il a encore des doutes.

b) *Élargir le sujet*

Vous ouvrez la discussion sur une perspective plus générale, mais toujours en rapport avec la question analysée. Il est toujours de mise de s'interroger sur l'actualité du sujet.

Sa longueur : entre 8 % et 12 % de la longueur de la dissertation.

Rédigez votre dissertation.

8. L'autocorrection ou la relecture de votre texte

Relisez votre texte afin de l'améliorer. Remplacez les mots ou les expressions vagues, les phrases fautives ou faibles ou encore inadaptées à la situation décrite et, évidemment, corrigez les fautes d'orthographe. On doit, idéalement, relire son texte autant de fois qu'il y a d'aspects à considérer et faire porter chaque lecture sur un seul de ces aspects à la fois : la présence des marqueurs de relation, le respect du code de la ponctuation, les temps et les modes verbaux, etc.

III

PRÉPARATION À L'ÉPREUVE FINALE DE FRANÇAIS

Le sujet de la dissertation critique

Pouvez-vous affirmer qu'Antoine, le personnage du roman *Le Cabochon* (1964) d'André Major, et Joseph, le personnage central de la pièce *Un simple soldat* (1957) de Marcel Dubé, sont des êtres diamétralement opposés ?

Répondez à cette question en analysant tant le contenu thématique que les procédés formels. Votre dissertation critique doit comprendre un minimum de 900 mots.

Extrait 1 tiré de Marcel Dubé, *Un simple soldat,*
Montréal, Éditions TYPO, 1993, p. 126-127

JOSEPH : Là non plus, tu dis rien, le père ? C'est parce qu'elle a honte, Bertha, qu'elle va se cacher. Tu l'as vue sa honte monter dans son visage ? L'as-tu vue ?... Je gagerais n'importe quoi avec toi qu'elle le
5   savait pour Marguerite. Qu'elle l'a toujours su... Tu dis rien ? Ça t'est égal ? Je te comprends un peu ! C'était pas ta fille après tout !... Parle ! Parle donc ! Tu le dis pas pourquoi t'es resté debout à m'attendre ? Es-tu comme eux autres, toi aussi ? As-tu peur de voir la vérité en pleine face ?... La vérité, c'est que j'ai pas tenu ma promesse, le père ! La
10   vérité, c'est que j'ai bu la moitié de ma paye et que j'ai flambé le reste dans une barbotte !... Es-tu content ? Es-tu content, là ?... Et puis ça, c'est toi qui l'as voulu, le père ! C'est de ta faute. Rien que de ta faute. T'avais seulement qu'à pas me faire promettre. T'avais seulement qu'à pas me mettre de responsabilités sur les épaules. T'avais rien
15   qu'à me laisser me débrouiller tout seul, y a deux mois, quand je me suis retrouvé à l'hôpital avec ma jambe cassée... Tu devrais pourtant être assez vieux pour savoir qu'on rend pas service à un gars comme moi. Qu'un gars comme moi, c'est pas fiable pour cinq « cennes » !... Tu le savais pas, ça ? Tu le sais pas encore ? Réveille-toi ! Réveille-
20   toi donc ! Je m'appelle pas Armand, moi, j'ai pas d'avenir, j'ai pas de « connection », j'ai pas de protection nulle part ! Je suis un bon-à-rien, un soldat manqué qui a seulement pas eu la chance d'aller crever au front comme un homme... Parle ! C'est ton tour, Christ ! Parle !

ÉDOUARD, *d'une voix basse, pesant bien chaque mot :* **Je réglerai ton cas**
25   **demain matin.**

Il lui tourne le dos et se dirige vers sa chambre où il s'enferme. Joseph, décontenancé d'abord, puis hors de lui, marche désespérément vers la porte fermée.

JOSEPH *frappe à coups de poing dans la porte :* **C'est ça ! C'est ça ! Va coucher**

avec la grosse Bertha. Ça fait vingt ans que tu couches avec elle et que tu l'aimes pas... Tu l'as mariée parce que t'étais pas capable de rester tout seul, parce que t'étais lâche... *(Il s'effondre à genoux par terre).* J'en avais pas besoin de Bertha, moi. Toi non plus, le père. On aurait pu continuer notre chemin ensemble, tous les deux, tout seuls... Non, le père ! A fallu que tu la prennes avec nous autres, que tu l'amènes dans notre maison... jusque dans le lit de ma mère... C'est ça que je voulais te dire depuis longtemps, c'est ça... Mais fais attention, le père ! Moi, je suis là ! Je suis là pour te le faire regretter toute ta vie ! Tu me comprends ? Toute ta Christ de vie !

Et il éclate en sanglots comme un enfant puis s'éloigne de la porte de chambre en titubant. Fleurette sort de sa chambre et s'approche avec inquiétude de Joseph. Son visage est bouleversé. Joseph qui l'aperçoit se voile le visage, pousse un long gémissement, fait quelques pas pour s'en éloigner et s'effondre par terre.

Extrait 2 tiré de André Major, *Le cabochon,*
Montréal, Éditions TYPO, 1993, p. 151-152

Partir ou rester, tel est donc son seul et grand problème ce mardi soir
du mois d'avril dans sa petite chambre de la rue Ontario à Montréal
dans la Belle Province. Il lui reste quatre piastres et cinquante ; il a
dépensé cinquante cennes pour dîner, parce qu'il ne pouvait
5 vraiment pas faire autrement.

C'est le soir, et il écrit. Une lettre d'adieu : « Ma chère Lise… » Non,
pas ça. Il rature et prend une autre feuille. « Ma Lise… » Il contemple
les mots, les rature. Une autre feuille. « Chère Lise… » Là, c'est bien.
Plus simple. « Chère Lise, écrit-il, j'ai hésité longtemps avant de
10 prendre la plume, mais me voilà, puisqu'il le faut bien, en train de
t'annoncer la décision que j'ai cru devoir prendre ». Il rature « que j'ai
cru devoir prendre » et continue : « que j'ai prise. Tu te demanderas
sans doute quel démon me possède et me pousse à agir comme un
insensé ; c'est normal, étant donné que pour toi vivre c'est s'adapter
15 à la société. Et que pour moi c'est tout le contraire : je crois, et cette
conviction est de plus en plus profonde, que pour s'affirmer et
développer son aptitude à la liberté, il est nécessaire de se soustraire
aux impératifs et conventions de la société et même de leur opposer
un refus absolu. Comment t'expliquer ? Regarde autour de toi : notre
20 misère sociale, notre misère morale, nos chefs… rien que de la
médiocrité. Pas d'hommes libres dans notre pays. Nous n'avons pas
d'histoire, mais une suite de défaites. Menacés et affaiblis, nous
n'avons même pas la volonté de résister, la volonté de devenir des
hommes. Serons-nous toujours des domestiques dévoués et
25 satisfaits ? Ce sont là, Lise, des questions vitales, et j'aimerais que tu
en tiennes compte. Parce que ça te concerne, toi aussi. Tu vas me dire
que tu m'aimes, et que je devrais t'aimer simplement, sans histoire,
avec mon cœur, en oubliant ce qui se passe autour de moi. M'occuper
des Loisirs avec toi, selon toi, ce serait une manière d'échapper à
30 l'égoïsme ; mais justement ces Loisirs, c'est peut-être une manière de
ne pas voir plus loin que la paroisse. Amuser les jeunes quand notre
pays n'a même pas les moyens de leur fournir du travail ? Quand le
gouvernement de notre pays ne nous appartient même pas ?

Comprends-tu ma colère ? Comprends-tu que je n'aspire pas, moi, à
35 une bonne petite vie tranquille, comme celle que tu me proposes. Si
je n'étais pas attaché à toi, je n'aurais pas pris la peine de t'écrire ;
mais je tiens à toi et je voudrais que tu m'acceptes comme je suis,
avec ma tête de caboche. Je ne demande qu'à comprendre les gens
qui vivent avec moi. J'ai vécu deux mois avec des employés de
40 boulangerie ; j'ai découvert quelque chose, que je raconterai un jour
ou l'autre, car j'ai la ferme intention d'écrire. Tu vois, ça se précise, je
commence à savoir ce que je veux.

La démarche à suivre

1. Assurez-vous de bien analyser la question :

    • la problématique ;
    • le point de vue critique que vous devez prendre ;
    • les extraits et les courants sociolittéraires d'où ils émanent.

2. Il s'agit maintenant de lire, de relire et d'analyser chacun des extraits afin de dégager les principaux thèmes et procédés formels (avec citations) nécessaires à votre argumentation.

3. Établissez ensuite un tableau des ressemblances et des différences afin de dégager le point de vue critique qui s'impose.

4. Trouvez maintenant, dans chaque extrait, les indices qui permettent de l'associer à un contexte sociohistorique et littéraire.

5. Vous êtes maintenant prêt à élaborer le plan du développement de votre argumentation, qui devrait correspondre à un de ces deux scénarios :

    • **Première idée principale**
    Première idée secondaire
    Deuxième idée secondaire

    • **Deuxième idée principale**
    Première idée secondaire
    Deuxième idée secondaire

    • **Troisième idée principale**
    (SYNTHÈSE)
    Première idée secondaire
    Deuxième idée secondaire
    (COURANT)

    • **Première idée principale**
    Première idée secondaire
    Deuxième idée secondaire

    • **Deuxième idée principale**
    Première idée secondaire
    Deuxième idée secondaire
    Troisième idée secondaire
    Quatrième idée secondaire
    (COURANT)

6. Après avoir trouvé les composantes de votre introduction, vous pouvez rédiger votre dissertation critique.

7. Vous avez réservé une quinzaine de minutes pour la relecture finale, en portant une attention particulière à vos points faibles (mots de liaison, ponctuation, accord des verbes, termes précis et variés, phrases complètes, orthographe d'usage, etc.).

TABLEAU CHRONOLOGIQUE

	ÉVÉNEMENTS HISTORIQUES	ÉVÉNEMENTS CULTURELS	LES ÉCRIVAINS ET LEURS ŒUVRES	LE MONDE
1905				
1914				Première Guerre mondiale (1914-1918)
1915				Albert Einstein formule la théorie de la relativité généralisée.
1917				Révolution d'octobre en Russie. Sigmund Freud publie *Introduction à la psychanalyse.*
1922		Fondation de la première station radiophonique de langue française : CKAC.		
1924				André Breton publie son premier *Manifeste du surréalisme.*
1925				Premier magasin d'alimentation libre-service aux États-Unis.
1927				Première projection d'un film parlant à New York ; Charles A. Lindbergh relie New York à Paris en avion en 33 heures.
1928				Naissance de Mickey Mouse.
1929	Début d'une longue crise économique.			Krach boursier à New York ; publication d'œuvres majeures : Cocteau, Gide, Saint-Exupéry, Rilke et Hemingway.
1930		Ouverture du théâtre Stella.		
1933			*Un homme et son péché,* roman de Claude-Henri Grignon.	Accession au pouvoir d'Adolf Hitler en Allemagne.
1934		Mise à l'index du roman de Jean-Charles Harvey, *Les demi-civilisés.*	*Les demi-civilisés,* roman de Jean-Charles Harvey.	
1936	Première victoire de Maurice Duplessis (1936 à 1939 et 1944 à 1959).	La radio de Radio-Canada entre en ondes.		

	ÉVÉNEMENTS HISTORIQUES	ÉVÉNEMENTS CULTURELS	LES ÉCRIVAINS ET LEURS ŒUVRES	LE MONDE
1937			Menaud, maître-draveur, de F.-A. Savard ; Regards et jeux dans l'espace, de Saint-Denys-Garneau ; Trente Arpents, de Ringuet.	Des créateurs s'illustrent dans tous les domaines : Steinbeck, Malraux, Sartre, Orff, Picasso, Renoir.
1938		Premières Fridolinades, de Gratien Gélinas.		
1939				Seconde Guerre mondiale (1939-1945).
1940	Les femmes obtiennent le droit de vote au Québec.			Découverte de gisements de pétrole en Alberta.
1941				
1942	Plébiscite sur la conscription ; Loi de l'instruction obligatoire.			
1944	Fondation d'Hydro-Québec ; taux de chômage : 0,7%.		Les Îles de la nuit, poésie d'Alain Grandbois.	
1945			Le Survenant, roman de Germaine Guèvremont ; Bonheur d'occasion, roman de Gabrielle Roy.	Bombes atomiques sur Hiroshima et Nagasaki ; découverte des camps d'extermination nazis ; fondation de l'ONU.
1946		Première exposition des automatistes.		Mise au point de l'ordinateur électronique aux États-Unis.
1947	Grève des textiles à Louiseville.	Fondation des Éditions du Cercle du livre de France (Éd. Pierre Tisseyre).		
1948	Adoption du fleurdelisé comme drapeau du Québec ; taux de chômage : 2,5%.	Lancement du Refus global de Paul-Émile Borduas ; fondation du Théâtre du rideau vert.	Ti-Coq, de Gratien Gélinas ; Les Plouffe, de Roger Lemelin ; Le Vierge incendié, poésie de Paul-Marie Lapointe.	Naissance de l'État d'Israël ; Déclaration universelle des droits de l'homme à l'ONU.
1949	Grève des mineurs à Asbestos ; proclamation de l'Acte d'émeute.			Triomphe des communistes en Chine.
1950	Démission forcée de Mgr Charbonneau ; taux de chômage : 3,8%.	Succès de Félix Leclerc à Paris ; l'arche-vêché de Mtl interdit de célébrer le cente-naire de Balzac ; la revue Cité libre paraît.	Le Torrent, récit d'Anne Hébert.	Guerre de Corée (1950-1953).
1951		Fondation du TNM ; film de J.-Yves Bigras : Aurore, l'enfant martyre.		Samuel Beckett, Julien Gracq et Marguerite Yourcenar publient des œuvres majeures.

	ÉVÉNEMENTS HISTORIQUES	ÉVÉNEMENTS CULTURELS	LES ÉCRIVAINS ET LEURS ŒUVRES	LE MONDE
1952		Début de la télévision canadienne et création de la société Radio-Canada.	*Le Tombeau des rois*, d'Anne Hébert ; *Poussière sur la ville*, d'André Langevin ; *Zone*, pièce de Marcel Dubé.	
1953		Fondation des Éditions de l'Hexagone.		Grand succès du *Deuxième Sexe*, de Simone de Beauvoir.
1955	Émeute au Forum de Montréal à la suite de la suspension par un arbitre de Maurice Richard.	Fondation du premier théâtre d'été, à Sun Valley ; Félix Leclerc enregistre sa première chanson.	*Les Armes blanches*, de Roland Giguère.	
1956		Fondation du Théâtre de quat'sous.		
1957	Fondation d'un premier mouvement souverainiste : l'Alliance laurentienne ; taux de chômage : 8,8 %.		*Les Grands Départs*, pièce de Jacques Languirand ; *Un simple soldat*, pièce de Marcel Dubé.	Jack Kerouac publie *On the Road* ; lancement du premier satellite artificiel de l'espace, le Spoutnik.
1958	Première grève générale des étudiants québécois.	Ouverture de la Comédie canadienne ; fondation des Éditions de l'Homme ; formation de l'ONF (française).	*Les Grands Soleils*, de Jacques Ferron ; *Le Fou de l'île*, de Félix Leclerc ; *Le Temps des lilas*, de Marcel Dubé.	Le pouvoir à Cuba de Fidel Castro ; Alain Resnais réalise *Hiroshima, mon amour* et Federico Fellini, *La Dolce Vita*.
1959	Mort de Maurice Duplessis ; grève des réalisateurs de Radio-Canada ; le manifestant René Lévesque est arrêté.	Fondation de la revue *Liberté*.	*Bousille et les justes*, de Gratien Gélinas ; *La Belle Bête*, de Marie-Claire Blais.	
1960	Victoire des libéraux de Jean Lesage : début de la Révolution tranquille ; fondation du RIN.	Début de la longue querelle sur le joual.	*Recours au pays*, de Jean-Guy Pilon ; *Les Insolences du frère Untel*, de J.-Paul Desbiens ; *Florence*, de Marcel Dubé.	Conflits raciaux d'une violence sans précédent aux États-Unis (1960-1967).
1961	Commission Parent sur l'éducation ; création de la Délégation générale du Québec à Paris.	Début de Télé-Métropole ; fondation de l'Office de la langue française.		Début de l'engagement américain au Vietnam ; vol spatial de Gagarine.
1962	Étatisation des compagnies d'électricité.	Premier disque de Gilles Vigneault ; fondation de la Nouvelle Compagnie théâtrale (NCT).	*La Ligne du risque*, essai de Pierre Vadeboncœur.	
1963	Premiers actes terroristes du Front de libération du Québec (FLQ).	Sortie du film *Pour la suite du monde*, de Pierre Perrault ; ouverture de la Place des arts.	*Ode au Saint-Laurent*, poésie de Gratien Lapointe.	Assassinat de John F. Kennedy.
1964			*L'afficheur hurle*, de Paul Chamberland ; *Le Cabochon*, d'André Major ; *Le Cassé*, de Jacques Renaud.	
1965			*Les Beaux Dimanches*, de Marcel Dubé.